小学教育科学研究方法

贾万刚　张宗业　孙霜／主编

山东人民出版社·济南
国家一级出版社　全国百佳图书出版单位

图书在版编目（CIP）数据

小学教育科学研究方法 / 贾万刚，张宗业，孙霜主编. —济南 ： 山东人民出版社，2023.8
ISBN 978-7-209-14558-9

Ⅰ. ①小… Ⅱ. ①贾… ②张… ③孙… Ⅲ. ①小学教育-教育科学-科学研究-教材 Ⅳ. ①G622.0

中国国家版本馆CIP数据核字（2023）第148757号

小学教育科学研究方法

贾万刚　张宗业　孙　霜　主编

主管单位　山东出版传媒股份有限公司
出版发行　山东人民出版社
出 版 人　胡长青
社　　址　济南市市中区舜耕路517号
邮　　编　250003
电　　话　总编室（0531）82098914
　　　　　市场部（0531）82098027
网　　址　http：//www.sd-book.com.cn
印　　装　济南万方盛景印刷有限公司
经　　销　新华书店

规　　格　16开（169mm×239mm）
印　　张　16
字　　数　360千字
版　　次　2023年8月第1版
印　　次　2023年8月第1次
ISBN 978-7-209-14558-9
定　　价　39.00元

目录

第一章　小学教育科学研究概述

【学习目标】

1. 了解小学教育科学研究的含义及特点。
2. 了解小学教育科学研究的发展趋势。
3. 掌握小学教育科学研究的一般过程与步骤。
4. 理解小学教育科学研究的学术道德。

第一节　小学教育科学研究的概念、特点和类型

一、小学教育科学研究概念

小学教育科学研究是以小学教育（包括小学生、小学教师、教学、管理等）作为研究对象，运用科学的理论和方法，探索小学教育领域的客观规律的一种特殊的认识和实践活动。

小学教育科学研究侧重于应用和发展研究，将先进的教育理念转化为具体的教育实践行为，为学校的改革与发展提供基础与价值预设；同时，也不排除小学教育的理论研究和某些基础理论方面的研究。

二、小学教育科学研究的特点

小学教育科学研究具有复杂性、两难性、教育性、实践性、全员性、

开放性以及整合性和联系性的特点。

（一）**复杂性**

科学研究要认识的是未知的世界，探讨的是人类科学还未掌握的客观规律及其事物的本质。由于教育问题来自复杂的人类系统，涉及的因素多，因果关系复杂，具有动态化和社会化的特征，因而教育科学研究具有复杂性的特征。同时，教育研究的对象是“人”。“人”是众多因素中最复杂、最多变的因素。而作为培养人的教育，其内部结构是相当复杂的。一些复杂的教育现象难以被分解成几个因素和独立的部分来加以处理，同时它还要与社会的生产、经济、文化、科学技术等有着广泛的联系，因此影响教育的因素，不仅包括客观的外部条件，而且还涉及个体的主观心理因素以及社会因素，这也就意味着进行教育科学研究很难采用严格的实验方法和精确的观测手段，很难像自然科学那样进行准确的归因分析。

（二）**两难性**

在教育研究活动的历史与现实中，总存在着大量的两难问题。其中有理论方面的两难，如人性论问题——人性是“善”还是“恶”，“知行”问题——“知”在前还是“行”在前等（当然，这不仅是教育中存在的问题，也一直是哲学、历史、社会、心理学界尚未解决的问题）；也有实践方面的两难，像新课程下如何处理好发挥教师的引导作用与体现学生的主体地位？如何兼顾情商的培养与智商的提高？如何做到在减轻学生负担的同时，又能够提高教学质量？等等。此外还有理论与实践的脱节或矛盾造成的两难，像如何处理好教育目的社会本位与个人本位的关系等。这些问题一直困扰着教育工作者，需要进一步深入研究。

（三）**教育性**

叶澜教授认为，“中小学教育是面对处在人生最重要的时期，具有奠基意义的‘发展中的人’”，而人“是具有世界上最大丰富性和主动性的生命”。进行教育科学研究的出发点和归宿是培养、塑造人，促进学生的全面发展。这也就意味着要把教育性贯彻于教育科学研究的全过程和各个环节之中，要尊重儿童的权利，不使儿童在研究中感到焦虑和压抑。因此，进行教育研究不仅要求真，也要求善，以符合儿童身心发展的规律为前提，以不损害儿童的身心健康为根本，以完善对儿童的教育为目的，不容许“证伪”，不容许拔苗助长，不容许超越儿童身心发展的规律和教育规律，不能为了实验研究而故意设置情景去让儿童犯错误，来寻找所谓的因果关系。总之，所开展的活动必须具有教育意义。因此，在选择研究方法、设计研究时，都要考虑到是否有利于被研究对象的身心健康，有利于教育这一重要问题。比如吸烟、喝酒有害健康，这是我们都明白的一个道理。如果为了验证这个结论的正确性，刻意选择一些学生作为研究对象鼓励他们去吸烟、喝酒，以去检验一下对身体造成的影响，这样就违背了教育性原则。

（四）实践性

根据小学教育的对象、小学教师教育教学的实际，目前我国小学教育科学研究的侧重点还是在应用与开发研究层面上，这意味着实践性是小学教育科学研究区别于其他教育科学研究的一个显著特点。小学教育科研只有置身于实践，面向实际、着眼应用，才有生命力。它研究的是现实中急需解决的问题，是为改革、实践服务的。可以说，实践——研究——再实践是小学教育科研发展的轨迹。从实践中提炼和形成课题，经过研究实验（大多是准实验，难以严格控制无关变量），获得理论成果，再到实践中进行应用和推广，是多数小学教育工作者和研究人员从事小学教育科学研究的重要内容。小学教师进行教育科学研究，应该研究自己工作中真实具体的问题，而不是完成一种“外在”的规定性任务，应是边研究、边改进，最终促进自己的教育教学工作，这才是小学教育科研的立足点。

（五）全员性

小学教育科学研究是一项全员性的工作，所有的研究都是在前人认识的基础上进行的，同时对某一个问题的认识需要依赖许多人的努力，通过多次的研究才能够达到目的。有些问题需要教师采用集体研讨的方式，在广泛听取大家意见的基础上才能加以解决。如研究提高儿童的学习兴趣问题，不仅要考虑到教师的教育教学、教学方法等因素，还要考虑到教师的教学态度、教学水平以及教学内容的难度、家校合作、家长的教育观念等。另外，“研究的问题是产生于实际的工作情境之中的，并且其计划的内容并非在决定之后就一成不变地直到研究完成，而是从实际情境出发，根据实际情境的需要，随时检讨，不断修正”。因此，小学教育科研是阶段性和连续性的统一，它不像别的研究课题，完成以后没有重复的价值或进一步开发的价值。小学教育科研从选题到最后出成果，往往是分阶段一环扣一环地连续进行的。因此，需要多方面人员的相互配合，以群体的优势分工协作，形成一个“实践共同体”，共同致力于解决一组问题。通过教师之间的专业切磋、协商和合作，能够使他们共同分享经验，互相学习，将个体的智慧转化为群体的智慧，让群体的智慧成为推动个体智慧的资源，创造一种精诚合作的文化氛围，共同承担责任，完成课题研究的任务。

（六）开放性

党的二十大报告指出，坚持深化改革开放，深入推进改革创新，坚定不移扩大开放，着力破解深层次体制机制障碍。教育也是一个开放的系统，是社会大系统中的子系统，教育问题的认识与解决不可能在封闭的状态中进行。也就是说，认识教育问题需要借鉴过去、立足现状、着眼将来；需要走出校门、参观学习其他社区的教育活动，借鉴国外先进的教育经验，在与其他国家、其他地区、其他学校的经验交流中澄清认识，提高解决问题的效率。因此，开放性既包括了时间上的开放性，也包括了空间上的开放性。

（七）整合性与联系性

系统论认为，任何自然或社会现象都是由若干相互联系、相互作用的要素构成的，是具有特定功能和运动规律的系统整体。由于教育研究中所分析的诸多问题是个整合的概念，它往往既是理论问题又是实践问题，既是个别问题，又是普遍性的问题，既是历史问题又是现实问题，甚至是将来的问题，因此我们应始终把研究对象看作是一个有机的整体，充分考虑到系统内各要素的组织结构形式，以及系统与外部环境的联系与制约。同时，在整合性的教育问题中，又可以分解为一个个具体的子问题加以探究，如新课程改革，它涉及教育观念的转变、教育的价值观、教育目的、教育内容、教育方法、教育模式、教育评价等一系列个别的、具体的问题，并且这些内容并不是简单地相加，而是相互联系与相互制约，形成一个有机的整体。这些都值得我们进一步探讨。

三、小学教育科学研究的分类

对于小学教育科学研究的分类，从不同的角度思考，可以有不同的分类方法。

（一）根据研究目的不同，分为基础研究和应用研究

1. 基础研究

基础研究是以认识教育现象、教育问题作为基本的研究目的，其研究成果往往带有普遍性的原理、定论，主要目的在于探索和创新知识、寻找新的事实、扩展和完善理论。它回答的是“是什么”的问题。例如对对话教学的内涵与意义的探讨，关于学生心理因素对学业成绩的影响的研究等。

2. 应用研究

应用研究是从一般原理、原则出发，指向特定的具体问题的研究。它以将理论研究成果应用于解决教育实际问题为出发点，目的是提供事实材料支持和完善理论，或促进新理论的产生。例如探讨开展对话性阅读教学的有效途径，学生厌学成因分析与应对措施、解决学生粗心的有效途径与方法、小学生德育途径的研究等。也就是说，应用性研究更关心效果，关注的是“这种教育结果或方法比另一种更好吗”，回答的是“做什么”的问题。小学教师开展的研究，大都偏向应用，目的是解决教育中迫切需要解决的问题，以科研促进教育教学，提高自身工作的质量。

（二）根据研究方法不同，分为定性研究与定量研究

1. 定性研究

定性研究是从人文学科中推衍出来的，主要运用哲学、逻辑学的思辨方法如归纳、演绎、分析、综合、抽象、概括等对教育问题进行分析，它注重整体的、定性的信息，关心的是整个过程，具有描述性的特点。

2. 定量研究

定量研究主要是运用数学、统计、测量等实证的方法进行的研究，它对研究的严密性、客观性、价值中立都提出了严格的要求，以求得到客观事实。定量研究主要模仿自然科学，目的是确定因果关系，并做出解释。

（三）根据研究问题的内容和性质，分为教育事实研究和教育价值研究

1. 教育事实研究

教育事实研究是对以教育中的客观事实问题为研究对象的一类研究的总称，这类研究强调研究的客观性，排除研究者主观倾向性对研究结论的影响，其结论具有主体间的一致性，主要涉及“是什么”的问题。

2. 教育价值研究

教育价值研究是以教育中的价值问题为研究对象的一类研究的总称，这类研究重视的是教育现象中的价值问题，研究的结论很大程度上取决于研究主体的人生观、价值观和教育观，主要涉及“应该是什么”的问题。

当然，必须指出的是，各种类型并非各自独立，而是相互交流、相互会通。比如定性研究为定量研究提供框架，定量研究又为进一步的定性研究提供条件。又如，一个问题的研究，它可能属于基础研究，同时又有应用研究的成分；可能既要进行定性描述，又要进行定量分析。这就需要我们用一种全面的、联系的眼光来分析问题。

第二节　小学教育科学研究的意义和任务

一、小学教育科学研究的意义

开展小学教育科学研究具有重要的理论意义和实践意义，主要表现在以下几个方面：

（一）教师参与教育科学研究有着教育理论工作者不可比拟的自身优势

当前，许多小学教师都认识到教育科研的重要性，于是他们向往教育科研，崇尚教育创新，佩服从事教育科研创新的先行者；但同时，却又认为教育科研高不可攀，神秘莫测，往往在科研创新的大门口徘徊。也有许多的教师将教育实践研究看作是教育理论工作者的事情，认为自己即使搞研究也仅仅是将一些教育理论运用于实践并加以检验。实际上，任何一个教育规律的发现和教育理论的建构都不是凭空产生的，都是来源于实践。如果教育科学研究离开了教育实践，研究就会成为无源之水、无本之木。工作在教学第一线的小学教师，拥有最佳的研究位置和丰富的研究机会，他们能够从教学实际中获得第一手的、活生生的资料，这些资料可以看作是形成和检验教育理论所需要的材料。

小学教师从事的科学研究主要不是基础理论研究，而是应用性、开发性的研究。他们有能力对自己的教育行动进行反思、总结和改进，有能力提出改革方案和进行教学试验，有能力把教育教学中的感性经验上升为理性认识，他们不只是别人的教育研究成果的应用者，更应是教育成果的研究者和创造者。特别是儿童年龄越小，教师的素质对他们将来的发展影响就越大，也越有东西值得研究。

因此，真正的教育科研绝不是教育理论工作者的事情，而是理论工作者与实践工作者共同的任务。对于小学教师从事研究而言，就需要他们具有善于对信息进行收集、分辨筛选的能力，形成教育经验与教育思想的能力，具有质疑和吸纳的意识与行为，用批判性思维、探究性思维、创造性思维去捕捉教育改革和发展中的成果，通过观察、分析、反思、总结、提炼，提高发现问题、解决问题的能力。同时，教师只有参与研究，才会使自己从日常繁杂的教学工作中脱身出来，在研究中获得理性的升华和情感上的愉悦，提升自己的精神境界和思维品质。

（二）推动教育改革的顺利开展

党的二十大报告指出，要深化改革，加强改革顶层设计，敢于突进深水区，敢于啃硬骨头，敢于涉险滩，敢于面对新矛盾新挑战。教育科学研究是教育改革的动力和保障。作为工作在最普遍的教育实践层面上的教师而言，参与到教育教学活动中去，能够使自己的态度、知识、人格、意志、情感成为影响、推动新课程改革顺利进行的系统因素，直接影响到教育科学内化的程度和教育效果。教师不能只是课程实施中的执行者，同时还要成为课程的建设者、开发者和研究者，体现出教师在教育中的主体地位，这些都离不开教育科学研究。另外，在目前的教育发展的过程中，出现了许多热点问题，需要我们进行深入的研究，以促进教育的改革和发展。

如有位教师通过观察新课程实施中存在的问题，写了一篇文章——《新课程实施中的几个不等式》，这几个不等式即自主学习≠自己学习，表面热闹≠思维活跃，现代化教学手段≠现代化教学思想，教学创新≠教学标新。可以看出，改革既为教师从事研究提供了重要的现实基础，也使教师研究、探讨新形势下的教学问题显得尤为重要，这也成为许多教师从事研究的动因。为此，它要求教师由“教书匠”转变为“研究者”，这也是创造性实施新课程的重要保证。正如有的学者所说的，“教育科研是学校发展的助推器，是学校改革的发动机”。教育科学研究对于新课程的改革具有不可低估的作用。

（三）有利于提高小学教育教学质量

党的二十大报告指出，深化教育领域综合改革，加强教材建设和管理，完善学校管理和教育评价体系，健全学校家庭社会育人机制。这一切的根本是教学。教学是教育的主要组成部分，提高教学质量是教育的永恒主题，是教师义不容辞的责任。小学教育实践性强，“实践的开拓需要理论的开拓”，小学教师从事的研究与教学不仅相关，而且存在着“共生互补”的关系。科研是提高教学质量的推进器，以科研促进教学是提高教育质量的重要途径，同时也能够使教育教学实践经验得到理性的升华，有利于探索教学规律，获得科研成果，并把这种成果运用到教学中去，促进教学水平的提高。

教育科研是生发教师教学智慧的源泉，是提高学校教育教学质量的“第一生产力”，是学校改革和发展的第一推动力。人们日益认识到“科研兴校”“科研兴教”的重要性，逐渐树立起了“向教育科研要质量”的新观念和新目标，这其中一个很重要的原因是：小学教师进行科学研究有其自身的特殊性，它不是脱离教师的教学而是为解决教学中的问题而进行的研究，不是在书斋里而是在教学活动中进行的研究，这种研究的对象和内容就是行动本身。小学教育科研是以课题为核心而展开研究的，具有理性化、系统化等特点，这就决定了小学教师从事的教育科学研究活动比一般的教育研究活动更有利于教师教育教学能力的迅速提高。因此，这种研究是教师持续进步的基础，是提高教学水平的关键，有利于更好地贯彻教育方针，切实提高教育教学质量。

（四）小学教育科学研究是教师专业化发展的必备条件

教育科学研究不是专属高校教师，小学老师也有能力、有资格在自己的教学范围内从事一些科研工作。另外，教育科学研究是教师专业化发展的必然，是推动教师专业化发展的有力保证。因为教师专业化要求除了理解本学科的知识和结构，掌握必要的教学技能外，教师还必须拥有一种“扩专业的特性”，即有能力通过较系统的自我研究，通过研究别的教师和通过教学研究中对有关理论的检验，实现专业上的自我发展。教师的这些专业特性的形成和发展，可能来自不同的渠道，其中最有力可靠的，是教师自己的教学研究。

通过系统的研究方法的指导，小学教师能够避免盲目探索，少走弯路，早出成果。叶澜教授曾激情满怀地说，能唤起教师职业内在尊严和欢乐的是两个大写的字，那就是“创造”！小学教师参加教育科研就是一个创造的过程，在工作中研究，在研究中工作是增强教师职业创造性的有效途径。小学教师从事的教育科研是一种创造性的精神活动，将研究贯穿于教师日常的工作之中，用研究的眼光看待教育工作，会使平常的、平淡的工作化为神奇，在大大提升教师职业价值的同时能够增强他们的专业化水平。反之，如果教师没有对教育本质的思考，没有自己的见解，那么将不能形成自己独特的教育、教学风格，也就不能成为专家型的小学教师。

二、小学教育科学研究的任务

小学教育科学研究的基本任务是研究和解决我国教育事业与改革过程中提出的重大理论问题和现实问题，认识和掌握小学教育教学的客观规律，更好地指导我们的教育教学实践，促进新课程改革的顺利进行，提高教育质量。具体来说，可包括以下四个方面：

（一）总结小学教育的历史经验

中外教育历史上那些宝贵的教育遗产，有待我们去发掘，批判地加以继承，取其精华，去其糟粕，为进一步开展教育改革打下基础，从而为我国的教育现代化服务。孔子、孟子、柏拉图、苏格拉底等都对教育进行过研究和探索，形成了不少颇有见地的教育思想，这些都值得我们探讨其对当前教育的启发与指导意义。完成于战国至汉初之间的《学记》，虽然精炼至仅有1229字，却是世界上最早的教育专著，值得对其进行研究。

今天的小学教育研究。像省特级教师、杭州市胜利小学的程玲老师根据低年级识字教学要符合学生的心理特点的要求，概括出进行识字教学的四条基本经验，即教给识字工具、利用学生的无意注意、重视形象思维、利用知识的迁移。特级教师、江苏省南通师范附属小学李吉林老师对原本是外语教学方法之一的“情景法”，进行了新的探索，逐步形成了小学语文教学的“情景教学法”理论体系。其核心是激起学生的情绪，通过生活显示情景、实物演示情景、音乐渲染情景、扮演体会情景等，把学生带入一定的情景，使他们产生一定的内心体验和情绪，从而加强对教材的理解和体验，产生表达的欲望，同时也使学生受到性情陶冶。上海青浦教研室的顾泠沅老师创造的经验筛选法，其步骤是：分析总结优秀的教学经验，制订筛选计划；在授课中实施这些经验；请有经验的教师亲临现场教学，然后对执教情况进行评价；根据评价对原有经验进行淘汰、优化，发展处理；再计划、再实施、再评价，多次反复，直到筛选出有效经验。这些研究成果，我们需要用科学的态度去分析、概括，找出规律性的东西，总结、借鉴他们的先进经验，从而为今天的小学教育实践服务。

（二）研究当前的教育问题

小学教育科学研究必须要研究当前的教育问题，这是研究的重点。如人工智能对教育的影响、劳动教育与其他四种教育的融合问题、“双减”后的教育质量问题等。这些教育问题呈现出越来越复杂的特点，它涉及对教育理念、教育模式、教育原则、教育方法等的再思考。

当然，研究当前的教育问题的方法很多，如调查研究、实验研究等，对这些亟待解决的教育问题要进行理论探讨和教改实验。只有把教育的基本理论与解决现实问题研究紧密结合起来，教育科学研究才能更好地为建设具有中国特色的社会主义教育体系贡献力量。例如，针对当前不少评语中出现的对学生的主要不足和缺点有意掩饰，而对优点和成绩极端赏识，加以夸大等现象，有位教师写了《激励性评语应慎重》这篇文章，指出赏识应以实事求是、是非分明为原则，因人、因事、因时地给予恰如其分的赏识，对学生的激励不应只有赏识表扬，还应有针对性地采用灵活的激励方法等等。这些见解具有非常强的借鉴意义，对我们的教育教学有较强的

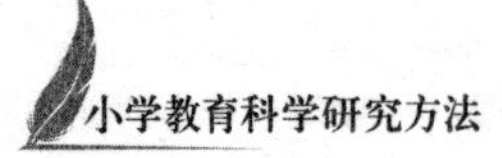

指导意义。

三、小学教育科学研究的发展趋势

（一）研究领域的扩展化趋势

随着小学教育实践的发展和小学教育概念的扩大，小学教育科学研究的范围也在扩展。不仅关注智力因素，而且关注非智力因素；不仅关注小学全面发展的整体性教育的研究，而且关注儿童社会性、情感与个性的研究；不仅注重正规小学教育，而且关注各种形式的非正规教育；不仅关注学校教育，而且关注家校合作；不仅关注小学教师教育的研究，而且关注小学各学科的教学等。

（二）研究的生态化趋势

生态化趋势，就是强调在真实的自然与社会的生态环境中研究教育规律，提高教育的外部效度及研究成果的实际应用价值。从生态学的观点来看，个体是在真实的自然和社会环境中成长起来的，其心理发展要受到多种因素的影响，而这些因素之间又是相互作用、相互影响的，是一个完整的系统。个体心理发展的水平、特点和变化，都是该系统中各因素相互作用的综合结果。由于教育本身是一个多因素组成的复杂的完整的系统，再加上教育研究对象是一个有生命的群体，因此教育科学研究只有走出实验室，到现实的生活中进行研究，才能够使内外效度达到统一。正如麦考尔说的，"如果我们不是在对真实家庭、真实学校和真实环境中对真实被试成长的研究，那么我们的知识还有什么价值呢？"

现代科学技术的发展为教育科学研究生态化倾向提供了有利条件，例如现代化的观察仪器，诸如录音机、摄像机等，能将现实生活中研究对象的行为真实准确地记录下来；多变量的实验设计以及电脑的广泛应用，有效地解决了多因素分析的问题。总之，研究的生态化倾向能够使儿童的行为表现得比较真实，有力地解决了以往研究的内部效度和外部效度不能同时得到保证的矛盾。

（三）研究的系统化趋势

党的二十大报告指出，必须坚持系统观念。万事万物是相互联系、相互依存的。只有用普遍联系的、全面系统的、发展变化的观点观察事物，才能把握事物发展规律。按照现代系统论的观点，任何事物都是某一大系统的子系统，都可以找到其所属的系统。系统是由要素组成的，系统与要素是相互联系、相互作用、相互依存、相互制约的。系统中每个要素的存在依赖于其他要素的存在，如果某个要素发生了变化，其他要素也随之变化，并引起系统的变化。

小学教育研究，需要从系统的观点出发，把所要研究的问题看成一个整体，把我们的视角从局部的研究中跳出来，站到更大的、系统的高度上来，全方位、多角度地去研究；不仅要看到自己正在研究的问题，还应顾及自己没有研究但与问题有联系的各个部分；不仅要考虑到自己的研究，还要考虑到别人的研究和其他与此有联系的研究。同时要注意吸收不同学科的科研人员，进行多学科的立体作战。比如，某学科的教学研究，不仅要从课程自身的功能、特点出发，还应从本学科与其他学科的联系等角度去考虑，全面、全方位地分析研究。

（四）研究方法的多样组合趋势

小学教育科学研究的开展离不开研究方法的使用。教育和人的复杂性决定了教育科学研究应采用多层次、多方位和多指标的方法。因为每一种方法都有一定的适用范围，都有不可避免的局限性，如果孤立地采用某种方法，容易失去重要的、有价值的信息，是不能揭示复杂教育现象规律的。只有综合运用多种方法，通过多种途径来研究教育问题，才会有所突破、有所创新。在进行研究时，不仅要注重归纳、推理等定性分析方法的使用，而且要注重对研究结果的数量化分析，像模糊数学、聚类分析、生物信息论等数学方法陆续被引入到科研方法中来，使得教育科学研究日趋科学化，体现出了多元分析的特点。只有这样，才能够全面地反映出教育现象的本质。

（五）研究手段的现代化趋势

教育研究方法现代化主要是指研究技术设备和手段的现代化，比如人工智能的参与等。这些现代化技术设备的运用能够克服感觉器官的局限性，使某些观察不到的现象显示出来，可以反复地观看和分析，所得资料客观，分析资料准确。同时，利用计算机技术、大数据技术，能够在短时间内迅速处理大量数据，使大样本、多变量、多层次的研究得以实现。

第三节　小学教育科学研究的一般过程

一、确定研究课题

科学研究开始于发现问题。一切科学研究工作均是从选题开始。选题恰当与否直接关系到研究成果的质量水平。选择了研究课题，就意味着确定了主攻方向。选题必须符合选题的原则。要体现出所选课题的理论价值与实践意义，课题不仅具有新颖性的特点，同时也要考虑到课题是否可行，完成课题所需要的设备、经费、时间、地点等客观条件是否具备。选题要切合小学教师的实际，多从小问题着手，从具体的问题开始探讨。在阐述问题时要具体、明确，不笼统、不模糊，只有这样，才能有针对性地了解和掌握材料，有选择地收集和检索材料。

选题是针对问题来设置的。在小学教育科研中，提问的基本形式主要有："是什么""为什么""怎么办"。"是什么"这类问题主要是对研究对象和研究现象进行分析探讨。如"小学生对开展劳动课态度的调查研究"，探讨的是当前小学生对开展劳动课的态度是什么。"为什么"主要是解释原因。如"影响小学生对劳动课态度的因素分析"，提出的问题是："影响小学生对劳动课产生兴趣的原因是什么？""怎么办"主要是针对问题，提出解决问题的办法。如"提高小学生对劳动课的兴趣研究"

中，提出的基本问题是："如何提高小学生对劳动课的兴趣？"一般来说，将问题阐述得越具体、越明确，就能越有针对性地了解和掌握材料，越有选择、有定向地检索信息。因此，对于小学教师来说，应选择那些研究范围较窄而又比较具体的课题。

二、查阅文献

科学研究总是在前人研究的基础上进行，具有继承性和连续性的特点，因此没有资料就无法进行科学研究。如果不了解前人已有的成果就贸然开展研究，势必重复别人的老路，结果只能是造成巨大的浪费。

文献资料是前人从事科学研究的总结，查阅文献的过程，实际上就是带着有关问题去搜集资料的过程。通过查阅文献，我们就能够掌握研究的动向，了解到本课题研究的历史和现状，从而有利于吸取经验教训、开阔思路、进行比较、做出判断等，从中得到借鉴、印证、补充和依据，使自己能够吸取前人的经验去着力解决尚未解决的问题，使研究在原有的基础上更深入一步。查找文献通常采用计算机查找法，如通过中国知网等来获得一些与研究课题有关的、重要的、有价值的资料，确保查阅文献的质量，为着力解决尚未解决的问题、为研究奠定基础。

三、提出研究假设

理论假设也叫研究假设，是指根据已有的事实材料和科学原理，对未知事实及其规律提出的一种不完备的、尚待验证的设想与推测。简单地说，假设是期待解决问题的暂时答案。假设是科学研究的焦点，尤其是实验研究程序的关键所在。大多数的科学研究，都是为了验证假设而设计施行的。假设是搜集材料的向导，是探索客观真理的桥梁，它可能得到验证，也可能被推翻，但是必须建立在一定的科学理论和客观事实基础之上。如果最后的研究结果验证了研究假设，我们把它叫作证明，如果结果否定了研究假设，就叫证伪。

研究假设一般表现为陈述句，不能采用疑问式。最简单的表现形式是："Y随X的变化而变化。"这种函数关系的表达导致了科学研究中对两类现象关系的日益精确的陈述。第一层次：陈述肯定或否定的关系存在，如《小学生作文"个性化"课题研究》中，提出的研究假设是："通过本次研究，让学生发挥自主性和创新性，提高学生的作文水平。如果教师在作文教学中树立大语文教学观，改进作文教学方式，尊重学生个性，就一定能提高学生的作文能力。"有时虽然没有"如果……则……"这些字眼，包含这个意思也行。如《小学语文课堂教学深度参与教学方式的实践策略研究》提出的研究假设是："学习指导者适度指导和有效调控下的学习者的深度参与可以提高学习者课堂学习的实效。"第二层次：确定关系的方向性，如"教师口头表扬越多，学生的学习积极性越容易得到激发"。第三层次：用量词加以更精确、限定的陈述。如济南市育贤小学所进行的实验中提出，"一年级学生可轻松识字1500—2000字，并能阅读一般儿童读物"。

四、制订研究计划、提出阶段目标

制订研究计划、提出阶段目标是为了能以较少的人力、物力和时间获取客观、可靠的研究结论而制订的周密、科学的整个研究的工作计划和安排。研究方案就像一项工程实施之前设计出的工程图纸一样。研究方案设计是否科学、合理和完善，不仅关系到研究的进程，而且还影响着研究结论的可靠性、科学性。具体来说，制订的研究计划主要包括下面的内容：所要研究的问题及其范围、采用的研究方法、研究对象的抽样范围与方法，确定需要采用的统计方法、时间进度、日程安排等。在这个计划之下，对于某项或某一方面的工作还可以制订更详细的具体工作计划。当然，我们一方面要尽量尊重原订计划，使研究工作能按部就班地进行，但另一方面也不能完全受原计划的限制，而应该从实际出发，实事求是地进行工作，把计划性和灵活性有机地结合起来。

以下是某课题的研究计划：

本课题研究计划从 2021年7月开始，利用1年时间到 2022年7月完成研究任务，共分三个阶段。具体研究计划如下：

（1）研究准备阶段（2021年7月至2021年9月）

一是收集文献，收集相关政策文本以及国内外相关文献，购置相关的图书为开展研究打好基础；二是研究制订课题实施方案，明晰研究目标、任务、进程和分工；三是组织开题报告会，邀请同行专家进行课题研究论证，并根据专家组意见进一步完善课题研究总体框架和实施方案；四是按期上报开题报告。

本阶段主要成果：论文1篇、文献资料、课题研究方案、开题报告等。

（2）研究实施阶段（2021年10月至2022年4月）

一是现状调查。抽样山东省高等职业院校，通过问卷法和访谈法，借助大数据技术，了解“创新创业教育”与“劳动教育”的相关情况，并进行调查信息的录入、整理与分析。二是完成“创新创业教育与劳动教育融合”的机制架构。

本阶段主要成果：论文 1 篇、调查报告1篇，课题年度报告和中期报告。

（3）总结阶段（2022年5月至2022年7月）

系统整理课题研究资料，形成总报告，撰写专著，提交结题材料，呈送并反馈相关研究报告给各相关参与方及报送有关主管部门供决策咨询之用，感谢各方参与。

本阶段主要成果：课题结题报告等。

五、收集、整理和分析资料

教育科研是一项从现象到本质、去伪存真、由表及里不断实践探索，逐步形成教育教学规律的活动过程。因此，收集资料和整理、分析资料对形成科学理论是非常重要的。

（一）收集研究资料

收集研究资料是采用合适的方法，收集与研究相关的资料。收集资料的常用方法很多，除了文献查阅，观察、调查、教育实验等也是获得科学资料的有效方式。每一种方法都有其适用性。例如，观察法具有直接、客观、适用范围大、适用的研究课题较小的特点。调查法实施方便、操作性和实用性强、出成果快，特别适合小学教师使用。教育实验法具有控制性、变革性的特点，因此，研究者需要对研究对象进行细致、周密的实验，从而找出事物内部的联系。研究者要根据研究的目的、对象、内容及研究过程，并结合研究者实际条件来综合选择最合适的方法。另外，任何一个课题的资料搜集，都需要综合各种情况采用多种方法。

（二）**整理和分析资料**

整理和分析资料指的是对所收集到的原始资料进行加工，使其逐步趋于系统化和条理化的过程，目的是对原始资料进行意义解释。

整理资料包括资料的核实、资料的简单分类与汇总两项任务。整理资料常用的方法主要有：归类、评分或评定等级，列出总结表格。

分析资料主要采用定性分析与定量分析相结合的方法，即从研究对象的质和量两个方面揭示问题的真相。定性分析是对事物质的规定性的认识，主要方法有：归因法、比较法、分析与综合法、归纳法、类比法。定量分析是研究事物的量的规定性的认识活动，有数量描述法、频数分析、差异分析、趋势分析、相关分析、回归分析、预测分析、因素分析等。通过这些方法可以对资料进行比较客观和科学的分析。

六、得出结论

在得出研究结论时，要尊重客观事实，全面、综合地考虑与研究有关的数据与资料，在此基础上，得出研究结果。结论要客观、科学、公正、实事求是，不能主观臆造，不能歪曲事实，同时也要以正确的理论分析为指导。

七、撰写成文

撰写成文，是教育科研的最后一个步骤。所谓撰写，就是把科研的全过程及取得的结果用文字完整地表述出来，一般有调查报告、总结报告、实验报告及论文等几种形式。通常来说，一篇好的研究报告或论文，要具备正确性、客观性、公正性、可读性的特点，同时文字应该力求简明、规范，论据充分、合乎实际，必要时可用图表表示，以期能给读者更加简明、清晰的印象。

一般来说，教育科学研究是按照上面的步骤来进行的，同时，各步骤之间也是有交叉的，只有先后照应，才能取得比较完满的研究成果。

第四节　小学教育科学研究的学术规范

一、学术规范

学术规范是指学术主体在从事一切与学术有关的活动（广义的学术活动包括学术研究、学术传播、学术应用。狭义的学术活动指的是学术研究，本书采用狭义的学术活动的概念）中，处理主体与所服务的学科、他人及社会等关系时所应遵守的道德规范、行为准则和应具备的道德素质。学术道德既表现为学术主体在从事学术活动时的价值追求和理想人格，也体现在指导其正确处理与社会等相互关系的行为规范和准则之中。学术道德要求学术主体必须遵守学术规范、完善学术评价、坚持学术良知和学术操守。

二、学术失范

简单地说，学术失范就是违反了学术活动中应当遵守的道德规范、行为准则。按照违反的严重程度，我们可以将之分为三个层面：轻度学术失范、学术不端、学术腐败。

（一）轻度学术失范

轻度学术失范行为指技术层面违反学术规范的行为，或由于缺乏必要的知识而违背行为准则的做法。如：数据核实不足、文献引用出处注释不全等，其动机与情节较学术不端行为较轻。轻度学术失范行为处于灰色地带，它们虽然违背了基本的学术规范，但又没有像抄袭、剽窃行为那样突破学术道德的底线，所以又被称为有问题的研究行为。

（二）学术不端

学术不端行为是严重违背学术道德的不正当的研究行为，是学术主体违反学术准则、损害学术公正的行为。教育部相关文件认定的学术不端行为有：抄袭、剽窃、侵吞他人学术成果；篡改他人学术成果；伪造或者篡改数据、文献，捏造事实；伪造注释；没有参加创作，在他人学术成果上署名；未经他人许可，不当使用他们的署名；违反正当程序或放弃学术标准，进行不正当学术评价；对学术批评者进行压制、打击或者报复等。

（三）学术腐败

学术腐败行为是一种极端的学术不端行为，指学术权力的行使者滥用学术权力的行为。例如：利用学术权力不正当获取名利，不正当地获取学术资源、侵占或剥夺他人的学术资源，对学术批评者进行压制、打击或报复。有些学术腐败行为已经触犯法律且超出学术研究活动的范围，如大肆挪用科研经费等，需要通过法律手段加以制止和惩戒。

三、常见的学术不端行为

对于小学教育科学研究者来说，比较容易存在的是学术不端行为。现对几种学术不端行为进行描述。

（一）抄袭和剽窃

1. 定义

抄袭和剽窃是一种欺骗形式，它被界定为虚假声称拥有著作权，即取用他人思想产品，将其作为自己的产品的错误行为。或在文章中使用他人的思想见解或语言表达，而没有声明其来源。

2. 形式

（1）抄袭他人受著作权保护作品中的论点、观点、结论，而不在参考文献中列出，让读者误以为观点是作者自己的。

（2）窃取他人研究成果中的调研、实验数据、图表，照搬或略加改动就用于自己的论文。

（3）窃取他人受著作权保护的作品中的独创概念、定义、方法、原理、公式等据为己有。

（4）片段抄袭，文中没有明确标注。

（5）整段照抄或稍改文字叙述，增删句子，实质内容不变，包括段落的拆分合并、段落内句子顺序改变等，整个段落的主体内容与他人作品中对应的部分基本相似。

（6）全文抄袭，包括照搬、删减、替换、改头换面、增加。

（7）组合别人的成果，把字句重新排列，加些自己的叙述，字面上有所不同，但实质内容就是别人的成果，并且不引用他人文献，甚至直接作为自己论文的研究成果。

（8）照抄或部分袭用自己已发表文章中的表述，而未列入参考文献，应视作“自我抄袭”。

（二）伪造和篡改

1. 定义

（1）伪造

伪造是科学研究活动中，记录或报告无中生有的数据或结果的一种行为。伪造不以实际观察和实验中取得的真实数据为依据，而是按照某种科学假说和理论演绎出的期望值，伪造虚假的观察与实验结果。

（2）篡改

篡改是在科学研究活动中，操纵实验材料、设备或步骤，更改或省略数据或部分结果使得研究记录不能真实地反映实际情况的一种行为。

2. 形式

（1）伪造试验样品。

（2）伪造论文材料与方法，实际没有进行的实验，无中生有。

（3）伪造和篡改实验数据，伪造虚假的观察与实验结果，故意取舍数据和篡改原始数据，以符合自己期望的研究结论。

（4）虚构发表作品、专利、成果等。

（5）伪造履历、论文等。

（三）一稿多发

1. 定义

一稿多发是指同一作者在两种或多种期刊同时或相继发表内容相同或相近的论文。

2. 形式

（1）完全相同型投稿。

（2）肢解型投稿。比如作者把A文章分成B文章和C文章，然后把A、B、C三篇文章投给不同的期刊。

（3）改头换面型投稿。作者仅对文章题目做出改变，而结构和内容不做变化。

（4）组合型投稿。除了改换文章题目外，对段落的前后连接关系进行调整，但整体内容不变。

◆ 小学教师资格证考试历年真题 ◆

教育研究的基本步骤有哪些

（1）选定研究课题；

（2）查阅文献资料；

（3）制定研究计划；

（4）收集研究资料；

（5）分析研究资料；

（6）撰写研究报告。

第二章　选题与开题

【学习目标】

1. 理解选题的意义、了解选题的基本类型。
2. 掌握选题的原则、来源、选题策略和课题的表述。
3. 了解开题报告的规范写法。

第一节　小学教育科学研究的选题

一、什么是选题

选题是教育科研的第一步，也是至关重要的一步。那么，什么是选题？简单地说，选题指的是通过选择确定所要研究的课题。每一项科学研究都是从发现问题、提出问题开始的，教育科学研究也是如此。英国的科学家J. D. 贝尔纳指出："课题的形成和选择，无论作为外部的经济技术要求，或是作为科学本身的要求，都是研究工作中最复杂的一个阶段。一般来说，提出课题比解决课题更困难……所以评价和选择课题，便成了研究战略的起点。"两次荣获诺贝尔奖的巴丁博士指出："决定一个研究能否取得成功，很重要的一点就是看它的选题是否正确。"课题选择准确与否，直接关系到教育科研的成败。选得好，就会事半功倍；选得不好就会事倍功半，甚至劳而无获。因此，选好了课题，就等于成功了一半。

二、课题的类型

由于分类的角度不同，研究课题的类别也有所不同。例如从人的认识过程分，可分为基础性研究课题、应用性研究课题；从研究范围来划分，可分为宏观研究课题，中观研究课题、微观研究课题；从时间跨度划分，可分为远期研究课题、中期研究课题、短期研究课题；等等。

这里着重从人的认识过程谈谈基础性研究课题、应用性研究课题。正如理论与实践经验不可分开一样，基础性研究课题、应用性研究课题之间的区别只是相对的，我们很难把它们截然分开。

（一）基础性研究课题

基础性研究课题又称为理论性课题。主要包括以研究教育现象和过程的基本规律，揭示小学生身心发展及影响因素间的本质联系，探索小学生教育的新领域等为基本任务的课题。这类课题探索性强，自由度较大，不确定因素较多，通过对教育现象和事实进行实验性和理论性的研究，有利于提出新的或系统的规律性的认识。这种认识具有一般的和普遍性的意义。

根据课题对理论不同程度的突破与发展，可以把基础性研究课题分为三级。

1. 一级课题

是对构成教育科学理论体系具有全局性影响的核心概念、基本范畴和基本原理等作突破性研究的课题。党的二十大报告指出，要加快建设世界重要人才中心和创新高地，促进人才区域合理布局和协调发展，着力形成人才国际竞争的比较优势。加快建设国家战略人才力量，努力培养造就更多大师、战略科学家、一流科技领军人才和创新团队、青年科技人才、卓越工程师、大国工匠、高技能人才。加强人才国际交流，用好用活各类人才。深化人才发展体制机制改革，真心爱才、悉心育才、倾心引才、精心用才，求贤若渴，不拘一格，把各方面优秀人才集聚到党和人民事业中来。体现在教育研究领域，要从中选择与教育有关的研究课题，而这类课题多半是一级基础研究课题；另外，像国内教育界普遍关注的我国小学教育培养目标体系的研究、现代教育功能的研究、新课堂教学活动观、教育主体性的研究等，也属此类。此类课题研究的难度较大，涉及全局，又具有开创性的特点，因此它要求研究者具有较高的起点、宽阔的视野和较强的批判思维能力。

2. 二级课题

是对小学教育科学研究某一领域中已形成的概念、原则做进一步探讨的课题。它的目标不是对理论的根本性突破，而是补充性的发展；它不涉及全体，而是局部予以改善和修正。例如小学综合实践活动课程实施的研究，小学生劳动教育模式构建的研究等。此类课题要求研究者对该领域的基础理论有透彻的认识，通过研究达到补充、完善理论的目的。

3. 三级课题

是对教育理论中个别原理、概念做出修正或更详细说明的研究课题。如对小学语文教育中的发展性评价特征的研究，小学课堂教学中启发式教学的基本原则的研究、小学英语课堂教学提问艺术的研究等。这类课题涉及的范围较小，研究的难度相对低一些，有利于提高教学质量。

（二）应用性研究课题

这类课题主要是运用基础理论的研究成果，探索和开辟应用途径的研究课题。这类课题着重研究如何把教育科学理论同实际教育工作结合起来，达到改造或直接改变教育现象与过程的目的。它与基础性研究课题的等级相对应，我们也可以把应用性研究课题分为三级：

1. 一级课题

探讨的是涉及小学教育实际的某些全局性问题，能提出前人未提出的解决问题的方法，并能在较大范围内推广。如小学数学新课程背景下主体性教学实验研究，小学生品德评价方法改革的研究，小学生就近入学的研究等。

2. 二级课题

研究的是小学教育领域中某一方面或某一部门、地区内提出的实际问题，目的是寻求在一定条件下解决某些实际问题的科学有效的方法，不涉及基本原理、原则及一般方法的本身的研究，而只涉及其具体应用。如小学教师实行“数字教案”的研究；从生活入手提高小学作文兴趣的实验研究，新型师生关系的特点及实施策略的研究等。

3. 三级课题

三级课题的研究与个别实际问题的解决密切相关。大多局限在与该课题研究条件接近的范围内，提出解决问题的方法，也较多地局限在一些操作性问题上，研究成果使用推广的范围较小。如总结某一位教师的特色教学经验、为某课程设计一系列教案、某类学生的个案研究等。一般来说，小学教师多选择应用性研究的课题。

三、选题的意义

选题首先要有问题意识。党的二十大报告指出，必须坚持问题导向。问题是时代的声音，回答并指导解决问题是理论的根本任务。今天我们所面临的问题的复杂程度、解决问题的艰巨程度明显加大，给理论创新提出了全新要求。我们要增强问题意识，聚焦实践遇到的新问题、改革发展稳定存在的深层次问题、人民群众急难愁盼问题、国际变局中的重大问题、党的建设面临的突出问题，不断提出真正解决问题的新理念新思路新办法。好的选题无不具备四个方面的意义。

（一）选题能够反映出研究的价值

课题是教育实践和教育认识进一步发展中必须解决的问题，是已知领域和未知领域的联结点。它反映出现有实践和认识的广度和深度，又反映出向未知领域探索和前进的广度和深度。爱因斯坦说过，提出一个问题比解决一个问题更重要。他认为解决问题也许仅是一个数学上或实验上的技能而已。而提出新的问题，却需要有创造性的想象力，而且标志着科学的真正进步。如果一个问题别人已经研究过，并有了公认的结论，那么这个问题就不能成为课题，除非你想推翻结论。教育科研的目的是要解决教育中面临的各种问题。这些问题由于对教育的影响不同，在教育活动中所处的地位和作用不同，因而其价值体现也就不同。例如，当前的小学教育正面临着人工智能带来的挑战，特别是最近火爆的ChatGPT（全名：Chat Generative Pre-trained Transformer，美国OpenAI研发的聊天机器人程序，于2022年11月30日发布，目前已经到了4.0版），将带来从教育观念、教育思想到教育模式的深刻的思考，怎样将人工智能运用到教育中，就具有十分重要的实践价值。

（二）选题为整个研究确立了明确的目标

从最直接的意义上说，选题是一项具体的科学研究活动开始的标志，它为整个活动确立了明确的目标。科学研究是一项目的性极强的活动，漫无目的的研究不会有什么结果。从提出问题到解决问题，这是一个合乎逻辑的过程。只有有了问题，才谈得上对问题的解决，只有对问题认识得越清楚，对问题的解决才越容易。例如：《合作学习中学生不良心理及矫正方法》这一课题确定后，就意味着研究的目标有两方面。一是“火眼金睛——合作学习中的不良心理透视”，二是“对症下药——合作学习中不良心理矫正”。通过观察，教师发现存在的不良心理是“盲从、自我中心、不合群、羞怯”，在此基础上，确定了矫正不良心理的方法，即“观念先行、行为引导、引导调控”。

（三）选题决定了科研的主攻方向和具体内容

所谓研究方向，就是研究者在教育科学领域中经过长期的研究与实践所认定的必须着手解决的某些方面的问题，并在这些方面开创自己的研究领域，形成稳定、明确的主攻目标和研究线索。课题还影响着整个研究过程的方向，包括课题中研究对象的选择、研究范畴的确定、研究主题的界定、研究成果的鉴定等，都要围绕着整个课题来展开。比如“淄博市农村小学教师职业倦怠问题研究”，其研究的对象是小学教师，研究的范围限于淄博市农村小学，分析的问题是产生职业倦怠现象的原因，目的是提出解决问题的对策。显然，课题明确，整个研究活动的方向与研究的内容就明确。当前研究中存在的问题是，偏重理论的思辨性研究，对大量的教育实际问题不够关心；注重应用性研究的小学教师，往往缺乏理论的指导，缺乏科学的指导依据，从而影响了研究的质量。

（四）选题决定了科研的途径以及具体的研究方法

选题是教育科学研究的起点，一旦确定，将对整个研究工作的进行起着制约作用。可以说，选题启动着整个教育研究的机制，制约着教育研究的进程和方式。在教育科研过程中，不同的研究课题意味着研究方法、研究工具等不尽相同，资料的收集和利用也存在差异。例如“淄博师专附小学生课外阅读状况的调查研究”与“淄博师专附小学生课外阅读指导的研究”，两个课题都需了解学生的课外阅读情况，但前者应侧重于阅读现状研究，多采用教育调查法、观察等方法。后者侧重于阅读方法的研究，多采用行动研究法、教育实验研究法等方法。可以看出，这是两个不同的研究课题，影响着研究方法的运用。

四、选题的原则

（一）价值性原则

价值性原则是选题的重要依据和出发点。这里所说的价值包括两个方面：一是社会实践的价值，如数字经济时代对教育改革的价值，这是体现选题的社会价值；二是科学内容本身发展的价值，这是选题的学术价值。要从社会发展、理论发展的实际需要出发选择课题，或者二者兼有。对于小学教师的教育科研来说，科研的目的主要是解决实际工作中存在的问题，因此在科研的价值上更多关注的应该是应用性，这是首要的、基本的原则。

如：某小学数学老师发现，低年级的数学课堂上，常常出现学生争抢发言机会导致教学质量受到冲击的情形，很多老师对此头疼不已。这位老师敏锐地察觉到这个问题的重要性，提出了《面对学生争先恐后发言的引导策略》的选题。

（二）创新性原则

党的二十大报告指出，要坚持创新在我国现代化建设全局中的核心地位。培育创新文化，弘扬科学家精神，涵养优良学风，营造创新氛围。科学研究是一种创新性劳动，不断创新是科学劳动的生命。课题所具有的创新性的大小，是衡量科研成果和学术论文价值的重要标准，一个没有创新性的课题是没有什么价值的。

创新性原则指的是所选择的研究课题必须具有先进性和新颖性，要解决前人未曾解决或尚未完全解决的问题，要从新问题、新事物、新理论、新思想中去选题，这是科研的根本和灵魂，可以说，科研的魅力也就体现于此。

课题的创新一般可分三个层次：第一，独创性。这是高层次的创新课题，它要求提出没有人提过的新问题，开辟无人涉及过的研究领域，创立新的理论体系、教学流派和教学模式等。第二，再创性。这是中层次的创新课题，有的是将别人的研究课题加以组装、分解和改造后再生出的新课题；有的是将已有的研究课题运用到新的领域、情境、学科等实践中，又在某些方面有所创新。第三，自创性。这是低层次的创新课题，它只要求对自己前所未有的、对自我发展有利的问题加以解决，并不要求对社会、对别人有什么创新价值。做到这一点，需要我们了解现状以求得较高立足点，敢于涉足别人未曾涉足的研究领域，处理好继承与创新的关系，敢于从新的角度去研究、去思考，从不同的方面去探讨问题。如，数学复习课一直是令教师犯难、学生厌倦的一种课型，造成此种状况的原因极为繁杂，想用一篇三四千字的文章做出令人信服的分析判断并提出相应的解决对策，那是不太可能的。一位教师站在以学生为主体的角度审视传统的复习课堂，认为复习过程的“情趣”缺失是一个最为严重的弊病，于是他从复习课的“情趣化”设计这一点切入，写了《谈数学复习课的“情趣化”设计》这篇文章，提出了“情趣化”设计的三条对策：“蕴涵童真”的情境、“源自需要”的梳理、“出新求真”的练习。这些观点新颖、分析到位、措施得力，给人以清晰深刻的印象，值得读者借鉴。

（三）科学性原则

科学性原则，又称合理性原则，是指选题不但要考虑是否满足社会和科学发展的需要，具有实用价值，确实可行，而且还要看课题本身是否合理。科学研究是探寻真理的活动，因此，教育科研题目的选择必须遵循教育及与之相联系的各种事物的客观规律，必须充分认识研究的客观条件。科学性原则，需要我们不仅要有正确的哲学指导，同时还要遵循正确的选题程序与方法，要通过对教育的历史、现状的分析，对他人的研究成果和各方面资料的收集、整理和分析，经过严密的科学论证等形成课题，切忌主观想象、盲目选题。

如：尽管人们对师生互动关注、研究得较多，但是目前仍然存在着诸多的问题，突出表现在：互动形式单调，多师生间互动，少生生间互动；互动内容偏颇，多认知互动，少情意互动；互动深度不够，多浅层次互动，少深层次互动；等等。之所以存在这样的问题，原因是没有把握住师生互动的本质，没有把握住互动的时机。关于师生互动的本质，有关学者研究得很多，但是对何时互动这一问题研究得极少。就互动的时机这一问题，有位教师写了一篇文章——《师生互动，“动”要恰到好处》，他认为：（1）“动”在教学内容重点、难点的掌握处；（2）“动”在学生的情感需要处；（3）“动”在学生的疑问处。显然，这是在对师生互动的文献资料及当前的现状进行分析之后而选题的。

（四）可行性原则

可行性原则体现的是科学研究的条件原则。科学研究是一项严谨求实的活动，课题的最终指向是研究成果。要想顺利地开展研究、完成课题，就必须充分考虑主客观条件，分析课题在实际研究过程中的现实可行性。

可行性原则主要体现在两个方面：

1. 主观条件

主观条件是指研究者的知识结构、思维特点、智力层次、研究能力、思想水平、科学品格、心理素质、科研经验、专业特长和兴趣爱好等是否满足研究的需求，同时也要充分考虑到自己的力量与研究课题的大小难易是否相称。对于初次从事研究的人要紧密结合自己的教育教学及教育管理实际，选择那些范围较窄、内容比较具体、难度较低、自己感兴趣又比较熟悉的领域的课题，以及对自己的实践具有指导意义的课题。随着自己经验的不断积累，科研能力的不断提高，可以选择一些难度较大或综合性较强的课题。也可以组织有关人员形成一个研究共同体就一个大的课题共同研究，共同解决问题。

2. 客观条件

要全面了解、恰当地评价客观条件是否具备。客观条件是指课题研究所必需的资金设备、文献资料、研究基地、经费、时间、协作条件及领导的关注、家庭成员的支持、相关学科的影响和社会环境等。此外，还要充分考虑到时机问题。主要指涉及与研究有关的理论、工具、技术手段的发展成熟程度等。选题必须抓住关键性时期，什么时候提出该研究课题要看有关理论、研究工具及条件的发展成熟程度。如果过早提出问题，则意义就会显得不是太大。

总之，一个课题的选择，必须从研究者的主、客观条件出发，选择有价值的题目。如果一个课题不具备必要的条件，无论社会如何需要，如何先进，如何科学，没有实现的可能，课题研究也是徒劳的，毫无意义的。

五、课题的来源

“选题要像开矿一样，不要选穷矿，不要选人家开采过的、没有多大发展前途的矿，也不要选那些岩石过硬，而自己的技术水平还暂时达不到要求的矿。要选人家没开过，具有学术价值和发展前途，技术水平能达到的矿。”这个比喻惟妙惟肖，耐人寻味，道出了选题应注意的问题。一般来说，选题有四大主要的来源：

（一）来源于实践

实践出真“题”，实践中的问题是研究问题的主要来源。教育家陶行知说过：“教育只有通过生活才能产生作用并真正成为教育。”生活是教育的动力源，生活的空间即教育的空间。因此，应根据社会的需要，看清时代的潮流，善于在社会生活实践中发现问题。比如，学生从小学习英语，却无法使用这种语言进行交流，这种哑巴英语的意义何在？英语教学质量不高，这是多少年来存在的现象，大家见惯了也不认为稀奇，有人却在大量的学习时间与低下的学习效果之间发现了矛盾，提出了问题。于是就有不少的中小学英语教学工作者为了提高英语教学质量进行了研究实验，有的已经取得了显著的成绩。

党的二十大报告指出，中国式现代化是人与自然和谐共生的现代化。人与自然是生命共同体，无止境地向自然索取甚至破坏自然必然会遭到大自然的报复。我们坚持可持续发展，坚持节约优先、保护优先、自然恢复为主的方针，像保护眼睛一样保护自然和生态环境，坚定不移走生产发展、生活富裕、生态良好的文明发展道路，实现中华民族永续发展。就人与自然的关系如何在小学教育教学实践中体现，就有许多课题可以研究，比如小学生的环保意识、垃圾分类、社区环境调查等。

（二）来源于理论发展的需要

教育理论的发展滞后于生动活泼、欣欣向荣的教育改革实践，这是不争的事实。教育理论的发展不仅应揭示已有理论与经验事实的矛盾，而且还要揭示理论内部的逻辑矛盾；不仅包括学科建设中若干未知的研究课题，而且包括对已有教育理论系统观念和结论的批判怀疑，以及学术争论中提出的问题。因此，从教育理论发展的需要中选题也是一个很重要的途径。像小学生主体性发展的教育改革研究，源自主体教育理论和教育主体哲学的研究；建构主义心理学是教育信息技术研究和应用的重要理论基础。

对于小学教师来说，选择选题时要将学习理论和解决实际工作中的问题结合起来，从能否运用、验证、修正、创新和发展教育理论角度考虑。如有位教师在学习了数字经济理论后，撰写了一篇文章，题目是《人工智能对小学英语教学的挑战与机遇》，里面提到几个方面：人工智能强大的运算能力在其他领域的运用，国外人工智能在语言教学中的应用，中国的教育如何面对人工智能的挑战等。

（三）来源于研究文献

通过查阅与评价研究文献，能够了解到当前研究中集中的焦点问题、已有研究中容易忽视的问题，以及还有哪些问题值得研究等。在问题的空白处、错误处、不足处选取一个课题来研究，这样不仅能够学习到前人研究的思路与方法，而且还可以避免对现有的某些研究进行不必要的重复。这就要求我们平时要注意阅读大量的资料，靠长期的积累，并对问题有所思考、有所反思。

善于发现的研究者，总会在文献的阅读中找到适合自己的选题。读文献的过程，就是与自己原有认知相互碰撞的过程，会有“心有戚戚焉”的喜悦，也有“不是这样的”的不以为然，这正是产生新的研究课题的过程。

（四）来源于研究过程

随着研究的进行和深入，将会发现许多新的问题、新的线索和已有研究中存在的不足以及遇到的各种意外事件，这些都形成值得研究的新课题。此外，由于教育工作者在教育实践中会遇到各种困难，工作中也会产生这样或那样的缺点，有的还带有一定的普遍性，解决这些问题无疑对于提高教育质量有较大的意义，因此，也可以从工作中的困难与缺点、存在的错误认识中去挖掘课题。

例如，研究者在“线上线下混合教学改革”的研究中发现，有相当一部分学校领导和老师对“混合教学”存在错误的认识，违背教育理念，搞技术崇拜，于是撰写了文章《走出“线上线下混合教学”的误区》。

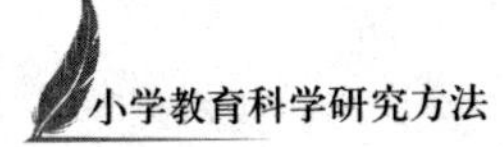

六、选题的策略

选择研究课题时，我们一方面要注意排除思维定势的障碍，从新的角度去思考问题；同时也要消除从众心理的影响，从人云亦云中摆脱出来；此外还要破除对权威的迷信，敢于对他们的论断提出质疑。教育科研中，常见的有以下几种策略：

（一）分析的策略

分析着重于对教育现象各个方面的性质进行认识，是综合的基础。教育科学研究是一个综合程度较高的整体，需要对各个要素予以描述和剖析，把握各种子课题的特点和运行规律。研究者需要把自己对各方面的认识在思维中重新结合为一个整体，在对教育现象整体性认识的基础上提出课题。通过对小学教育现状的分析，我们将能够发现或揭露教育中存在的问题，从而提出适当的研究课题。对于所分析的教育现状来说，可以是综合性、宏观性的，也可以是典型性的，还可以是微观性的。因此，需要研究者具有敏锐、深刻的思维品质，从而及时捕捉到有价值的现象，发现深藏在现象后面的本质。

如，有位教师针对小学生计算容易出错的状况，分析出了以下出错的原因：1.视觉迁移引起的感知错误；2.强信息产生的思维干扰；3.知识技能缺陷引起的失误；4.不良学习心态的影响；5.思维定势带来的消极影响。在此基础上，提出了以下矫正的策略：1.加强口算训练，切实打好基础；2.设计针对性的练习，排除干扰因素；3.牢固掌握基础知识，并能正确灵活运用；4.发展学生思维，提高计算效率；5.注意培养学生良好的学习习惯。于是撰写了一篇《小学生计算出错的原因与矫正策略》的文章。

（二）归纳的策略

一般来说，广大教育工作者在小学教育教学实践中积累了丰富的经验，把这些经验总结出来，上升到理论的高度，就可以归纳出一系列的研究课题。归纳策略需要以科学的分析作为指导，来探索事物之间的、内在联系与现象之间的因果联系。

如有位教师通过实践，总结出“班主任需要不断加强各方面的知识与技能的学习，在管理方法上要变经验型的管理为科学型的管理，要扩大自身非权力因素的影响，除去自身不客观的、片面的判断”等经验，于是这位教师将其归纳为《班主任的“加减乘除”》。有位教师针对失败课堂中的一些现象，撰写了一篇文章《失败的课堂总是相似的》，归纳出失败课堂的根源所在：教师强势、课堂死寂、缺乏互动等。

（三）怀疑的策略

怀疑是对已有结论、常规、习惯行为方式等的合理性作否定的或部分否定的判断，它可以引起人们对事物的重新审视，能够从原以为没有问题的地方发现问题。运用怀疑策略的先决条件是研究者要有批判性思维，“尽信书不如无书”，要勇于破除迷信、解放思想。

如美国有位叫赖斯的研究者，早在1892年就研究了美国小学生花在拼写上的平均时间和他们拼写的水平。根据研究结果，他写成了《无益的拼写练习》一书，指出过多的重复练习是无益的。一位教师就当前新课程中出现的问题加以阐述，并就其反映出的一些现象产生怀疑，撰写了文章《当前课程改革背景下课堂教学的问题与反思》，并指出，问题之一：游离于教学内容之外的“包装”——这样的情境创设为哪般？问题之二：“桌子拼拼拼”——合作学习的实质是这样的吗？问题之三：“以学生发展为本”——自主学习就得一切迁就学生吗？问题之四：刻意“孤立”文本——用教材教就不要求品味教材吗？问题之五：随意探究“泛滥化”——接受式学习真的过时了吗？问题之六：落实“三维目标”——意味着要淡化“双基”教学吗？

需要强调的是，通过怀疑提出的课题，经过研究可能被证实或被否定。当然，怀疑并不是随心所欲地乱猜疑，而是要有依据。一般来说，怀疑的依据一是事实与经验，二是逻辑推理。当研究者所具有的事实及经验与现有理论结论或常规不一致时，研究者就会对现有理论的正确性产生怀疑。逻辑推理是检验理论合理性的有效工具。对理论的推敲应从最基本的概念做起，即使对一度流行的概念也应仔细思考。此外，研究者还可以通过对有关资料的分析，比较不同观点，诘问前人的结论，揭露理论与实践的差异等，从中产生研究课题。一般说来，学科发展水平越低，值得怀疑的结论越多，实践越依赖于经验和常识，可信度越低，问题也越多。

（四）类比与移植的策略

类比是一种从特殊过渡到特殊的思维方法。移植是将一个领域中的科学研究创造出的成果应用到另一个领域去。运用到科学研究上来，指的是通过与其他学科研究对象类比和借用其他学科的思维方式，来发现本学科研究的新问题。这种思维策略的特点是从别的学科研究中得到启发，找到发现的“工具”。因此，它的关键是善于发现不同学科研究对象与思维方法之间的关系，善于借“他山之石”。

例如，英语教学中特别注重情境教学和对话，这是为了加深学生对词汇的理解和运用，如果将它运用到语文教学中会产生怎样的效果呢？在小学语文教学中培养学生创造性思维的经验能否移植到小学数学教学中来？美国小学学校文化的建设策略能否移植到中国小学学校文化的建设策略上来？……要正确地运用类比与移植的策略，需要研究者的知识面宽，在思维品质上具有较强的迁移性和概括性。

（五）换位思考的策略

换位思考，即从不同的角度、不同的层面来认识原有的研究对象，以形成新的认识，体现出灵活性和严密性等思维品质。它需要摆脱原有的思维定势和已有知识的影响，实现意向转化，以形成关于对象的新的认识。例如在教育史上以赫尔巴特为代表的传统教育，从“旧三中心”，即教师中心、教材中心、课堂中心的角度去认识它的特点与规律。后来，欧洲的“新教育”和美国的“进步主义教育”倡导者逆向思考，从“新三中心”，即儿童中心、经验中心、活动中心的角度来看问题，发现了许多新的问题并通过研究得出一系列很有价值的结论。现实教学中，对于教学活动的认识，我们同样也需要从教与学的各种不同性质的相互作用中来认识教学的规律。又如，对于班主任素质的要求，除了研究者进行理论分析外，我们还可以从“学生眼中的班主任”这一角度进行研究。改变思维角度来发现问题，得出的结论也是不同的。

七、课题的表述

（一）标题的类型

“题目是文章的眼睛”，通过题目可以窥视整个研究。因此，一个规范的问题陈述对研究是至关重要的。经过分析发现，小学教育科研的研究论文题目主要有以下两种：

1. 揭示论点的标题

即把论点概括出来拟定标题。例：《教师，应把美的语言带入课堂》《挫折教育：成长中必上的一课》《公开课应拒绝“完美”》《良性的学校文化需要一条“鲶鱼”》《谨防教育中的“超限效应”》等。

2. 揭示论题的标题

即不是揭示论点而是揭示研究的是什么问题的标题。例《综合实践活动与劳动教育融合问题之我见》《多元智能理论指导下的小学数学教学评价》《人工智能加持下教育的再思考》《双减落地后小学生课外时间分配调查》等。

在教育科学研究中，需要根据情况来选择标题的类型。

（二）一个好的题目所应具有的特征

1. 新颖

新颖包含两层意思。一是指抓住最新出现的问题，即要有动向水平。如具有开创性的题目就很新颖。二是指在原有的问题之外，提出新的问题，提出一个新的研究思路。如《不成功的公开课也是教学资源》，主要是针对“一些教师听了出现一些失误的公开课后就觉得上得不如自己好，根本没有学到什么，认为白白浪费了时间”的现象，提出：不妨反思“闪光点”，学会“借鉴吸收”；不妨反思“失误之处”，学会“引以为戒”；不妨反思“平常举动”，学会“超越突破”。这些题目就直接揭示出论点的内容，提出了自己独到的思想、认识，让人看后受益匪浅。

2. 宜小

论文题目一般不宜过大，即切口要小。题目过大，容易写得空泛，初写论文时更是如此。如《浅谈小学生的语文教学》《三到六岁儿童的教养问题》《儿童社会性的发展》《如何实施素质教育》《我国当前语文教育所存在的问题及对策》等课题，范围显然太大。而《浅谈学生问题意识的培养》《我们需要什么样的问题情境》《引领——教师不可丢弃的权杖》《低年级学生数感培养初探》这样的选题，贴近教师，与具体教学实践关联密切，易于研究，操作性比较强。

3. 准确

是指论文的题目和内容要名实相符，也就是说，题目要能准确地反映论文所研究的内容。如《班主任工作中的不等式》这一研究课题，通过题目可以看到，课题的研究对象是班主任，研究的内容是工作中的几个不等式，具体包括了严格要求≠体罚学生、严肃认真≠死板教条、发挥班干部的作用≠撒手不管、发挥优点≠回避缺点、做学生的知心朋友≠与学生称兄道弟这些内容。这样论文内容与题目就比较相符。

4. 简短

题目要简短明白，使人一目了然，马上就能明白作者想要论述的问题。如《讲授法、讨论法、自学法在小学语文教学中的效果的比较实验》，显得太长；《教师应树立六种意识：终身学习意识、创新意识、情感意识、人格魅力意识、责任意识、合作意识》，显得过于啰唆。

5. 醒目

题目要鲜明，能引起读者的注目。如《怀疑——学生不可缺失的精神》《让新课导入收到较好的效果》能够让人一看题目就很清楚所要讲述的主要内容。论文标题是文章的总题目，透过它可以看到全文的精髓。标题可以在文章写作之前拟出，也可以在文章写成之后确定，总之，给文章拟一个恰当的标题是颇需斟酌的。

一位教师曾经执教过一节“循环小数”课，学生在自主探究循环节的表示方法上有非常出色的表现。起初，他给这篇案例反思文章起的题目是《教师领着终觉浅，自主探得为真知》，感觉很有新意，但似乎太“玄”了；第二次改为《“循环小数”教学案例及反思》，倒是朴实了一些，但又太过直白；第三次改成了《在主动探究上下功夫，值！》，直接点出文章主题，还有一定的感情色彩，但似乎又有些俗了；最终题目确定为《让学生踏上“再创造”之旅》，发表在《中国教师报》上。这个题目既体现了文本的新意又展现了认识的深度，并带有一定的动感，是这位教师最为满意的一个版本。

（三）课题表述应注意的问题

1. 表述要完整

研究课题的表述要完整，最好能够同时包括研究课题的主要内容、对象与方法。

一般来说，在小学的教育实践中，教师会遇到一些问题，这是形成科研课题的基础。问题不等于课题，只有当我们确定问题的研究方向、范围，明确研究的目的和要求，将研究的问题具体化时，该问题才能成为研究课题。例如：《淄博市小学教师职业倦怠的调查研究》这个题目，主要内容是调查小学教师的职业倦怠现状，研究对象是淄博市的小学教师，研究方法是调查法，这样的表述就非常具体明确。

2. 表述要严谨

研究题目的表述用词要严谨，要能够体现科学性的特点，不能模棱两可、含糊其词，像“创造性思维”与“创新性思维”是否是两个相同的概念，需要仔细考虑，不能随意使用。如某项研究只是想对某小学一年级部分学生作一次有关兴趣爱好方面的调查，研究者在研究课题中却表述为“当代小学生兴趣爱好调查研究”，这显然是夸大了研究对象的总体。这个课题较确切的表述应该是“××小学一年级学生兴趣爱好调查”。这种将“大帽子”戴在“小脑袋”上的课题表述法，值得我们注意。

最后提一下，有人建议在选题时应注意“八宜八不宜”。即课题宜小不宜大；课题宜重不宜轻；课题宜准不宜偏；立意宜深不宜浅；角度宜宽不宜窄；中心宜集不宜散；领域宜熟不宜生；见地宜新不宜旧。这的确是经验之谈，可以说是对我们选题时应注意问题的一个概括。

第二节　小学教育科学研究的开题

研究课题确定，或者课题立项后，需要召开专家座谈会，向专家以书面的形式对所要研究的问题进行陈述。这种书面的形式就是开题报告。开题报告是课题正式开始前的总体规划，好的开题报告有助于课题的顺利开展。

开题报告的格式没有统一的规范，各地各类课题有不同的格式要求。本书给出山东省艺术课题的开题报告，以做参考。

省市级研究课题

开 题 报 告

课题批准号 ________________

课 题 类 别　省艺术课题

课 题 名 称　新媒体时代“稷下学宫人物”创新性传播策略研究

课题负责人 ________________

所 在 单 位 ________________

填 表 日 期　2022.9.12

××××科研处　制

开题活动提示：

开题主要研讨课题研究的可行性，重在清晰思路、聚焦问题和分工落实。开题活动建议由各院系负责组织实施。

<table>
<tr><td>

一、开题活动简况：开题时间、地点、主持人、评议专家、参与人员等。

开题时间：2022.9.22 14:30

开题地点：××学院会议室

主持人：××

评议专家：×××、×××、×××

参与人员：×××、 ×××、×××

</td></tr>
<tr><td>

二、开题报告要点：题目、研究对象、内容、方法、组织、分工、进度、经费分配、预期成果等，要求具体明确、可操作，限3 000字左右（可加页）。

题目：《新媒体时代“稷下学宫人物”创新性传播策略研究》。

研究对象：本课题以对历史产生过重要影响的稷下学宫人物为研究对象，立足新媒体时代，借助科技的力量将其激活，以平易近人、更具创新性的方式走进普通民众的生活之中，从而实现优秀传统文化在大众层面的传播。

研究内容：本课题的研究内容具体分为三大部分：

第一部分：“稷下学宫人物”传播现状考察

（1）考察“稷下学宫人物”的传统传播情况，如出版、纪念馆等；（2）以临淄的齐都文化城“一城二十馆”为样本，横向考察“稷下学宫人物”数字化情况等；（3）以齐文化旅游节官方网站为样本，纵向考察不同时期齐文化艺术节主题系列活动中“稷下学宫人物”的新媒体技术应用情况及效果；（4）其他方面的考察，如与“稷下学宫人物”相关的文创产品等。

第二部分：“稷下学宫人物”传播中存在的问题及其成因分析

探寻传统传播方式以及互联网、手机、数字电视等新媒体应用于“稷下学宫人物”传播的不足之处并进行原因分析，如：（1）分析“稷下学宫人物”传播的同质化问题；（2）分析“稷下学宫人物”的传播者与受众之间的割裂现象等。

</td></tr>
</table>

第三部分：新媒体时代“稷下学宫人物”创新性传播策略

借鉴国内外同类文化资源传播的案例，从理念创新、内容创新、组织网络创新、形式和方法创新、管理和运营机制创新等方面，提出新媒体时代“稷下学宫人物”的创新性传播策略。

研究方法：本课题的研究主要把握三个原则：原则一，基于丰富数据资料的证明而非主观臆断；原则二，基于定性、定量研究的结合而非纯文字的描述；原则三，注意理论性与可操作性的结合，而非单纯的理论构思。因此，在研究方法上，主要借用了文献研究法、调查法、案例分析法等。具体如下：

其一，文献研究法。收集相关资料，为进一步的研究打好文献基础。

其二，调查法。调查法是为了达到设想的目的，制订某一计划全面或比较全面地收集研究对象的某一方面情况的各种材料，并做出分析、综合，得到某一结论的研究方法。本课题将通过问卷调查法、访谈法，考察“稷下学宫人物”的传统传播情况。

其三，案例分析法。本课题将通过个案研究的方法，深入分析新媒体时代其他同类传统文化传播的若干典型案例，总结其经验，以咨借鉴于“稷下学宫人物”的创新性传播。

组织分工：前期主要由主持人和伊营营做文献资料的收集，主要从学校图书馆网，通过中国知网等数据库收集相关资料。资料收集后，共享于课题组成员。课题组成员根据自己在课题组的分工，补充相应的资料并共享于其他成员。

课题开始阶段，根据前期相应的分工，对“稷下学宫人物”的传统传播情况进行调查。这部分工作主要由卢慧玲、高生军等成员完成。他们将使用访谈法、问卷法进行相应的调查，并由调查者本人对这些资料进行整理、筛选、分析，用之于后期的研究。

案例的研究由崔立军负责。选取新媒体时代其他同类传统文化传播的若干典型案例，对其进行分析，总结其经验。

最后的研究报告的撰写将主要由主持人和伊营营完成。这部分内容最庞杂，我们将组合课题组各成员的研究成果，撰写出翔实、有一定参考价值的研究报告。

研究进度：本课题计划用一年时间完成，大体分为三个阶段：

第一，准备阶段（2022年7月—2022年10月）

（1）制订出课题实施的详细方案，明确课题组成员的分工，明晰任务、目标、进度及阶段成果等；（2）收集、整理与课题相关的国内外文献，为研究的顺利开展打好基础；（3）组织开题报告会，听取专家意见，进一步完善课题研究总体框架和实施方案。

第二，实施阶段（2022年11月—2023年3月）

（1）调研“稷下学宫人物”传播的几种态势，发现存在的问题，分析产生问题的原因；（2）形成阶段研究成果或阶段小结。

第三，总结阶段（2023年4月—2023年7月）

（1）初步提出新媒体时代“稷下学宫人物”创新性传播策略，听取专家意见，继续完善；（2）撰写研究报告；（3）提交结题材料，接受专家评审；（4）总结研究经验，感谢各方参与，推广研究成果。

预期成果：研究成果以研究报告《新媒体时代“稷下学宫人物”创新性传播策略研究》的方式呈现。

课题负责人签字：

年　　月　　日

三、专家评议要点：侧重于对课题组汇报要点逐项进行可行性评估，并提出意见和建议，限800字左右。

1. 确定好研究对象的范围，对稷下学宫人物做出清晰的界定。

2. 传播策略如何更好地落地，能否与地方文化品牌产生联系。

3. 能否做出些短视频之类的作品。

4. 从研究能力、专业方向等方面做好课题组成员的搭配，形成有很强研究能力的学术团队。

5. 研究成果不要仅限于研究报告，提高研究成果的实用性，做成能为政府决策提供参考的咨文。

评议专家签字：

年　　月　　日

<table>
<tr><td>四、所在单位科研管理部门意见

科研管理部门盖章

年　　月　　日</td></tr>
<tr><td>五、省市级科研管理部门意见

省市科研管理部门单位盖章：

年　　月　　日</td></tr>
</table>

第三章　文献的查阅与综述

【学习目标】

1.了解文献资料的含义。

2.明确文献资料的来源。

3.掌握查阅文献资料的方法，会正确查阅文献资料。

4.了解文献综述的基本格式，能够正确撰写文献综述。

第一节　文献的查阅

一、什么是文献

文献是指“已发表过的或虽未发表但已被整理、报道过的那些记录有信息、知识的一切载体”。文献的形式非常丰富，凡是具有一定理性认识价值和学科特定内容的信息形式，包括文字、数字、图表、符号、录音带、录像带、计算机磁盘、遗迹等，都属于文献。

二、文献的种类

由于信息记载和传播方式的多样性，文献的种类也是多种多样的。

（一）按文献的来源及公开性，可分为正式文献和非正式文献

1. 正式文献

正式文献指专著、论文、科学研究报告、总结、丛书、学报、专刊、文集、统计材料、表册、年鉴以及与研究问题有关的教材、参考书等，还包括党和国家的政策法规、正式出版物，以及教育行政主管部门、学校等的工作计划、工作总结、指示、决定等。

2. 非正式文献

非正式文献指未正式出版的各种材料，以及私人通信、日记、个人声明等。研究人员的文献检索一般以正式文献为主，但非正式文献所提供的信息也值得参考。

（二）按文献的表现形式，可分为统计资料、文字资料、音像资料和实物资料

统计资料一般以数据的方式存在，文字资料以文字的形式存在，音像资料是以音频或视频的方式存在的资料，实物资料是以遗迹、物品等方式存在的资料。

（三）按文献的功能，可分为事实性文献、工具性文献、理论性文献、政策性文献、经验性文献

1. 事实性文献

指专门为教育科学研究提供事实证据的文献。包括古今中外已被发现和证实的各种形式、各种内容的事实资料，如文物、教育史学专著以及各种测验量表、各类教育实验报告、教育名家教育实录等。

2. 工具性文献

指专门为教育科学研究提供检索咨询的文献。包括工具书、网络检索工具、学术动态综述等。

3. 理论性文献

指专门为教育科学研究提供理性认识的文献。包括教育专著、论文、文集、教育家评传、方法论著作等。

4. 政策性文献

指专门为教育科学研究提供政策依据的文献。包括规章制度、政府文件与统计资料等。

5. 经验性文献

指专门为教育科学研究提供感性认识的文献。如调查报告、工作总结、经验、教育参考书、各级各类学校教科书、教学大纲等。

（四）按文献的加工程度，可分为零次文献、一次文献、二次文献和三次文献

1. 零次文献

零次文献又称第一手资料，是记录在非正规物理载体上的未经任何加工处理的源信息，这是一种零星的、分散的和无规则的信息。

零次文献通常为书信、论文手稿、笔记、实验记录、会议记录等。

2. 一次文献

一次文献又称原始文献，是以作者本人的实践为依据而创作的专著、论文、调查报告、实验报告、档案资料等原始资料。这是直接记录事件经过、研究成果、新知识、新技术的文献，是最接近事实的文献，能较具体地反映事件发生的时代背景和环境状态。一次文献具有创造性，参考和借鉴的价值很高。不过此类文献一般较为分散，不够系统。

3. 二次文献

又称检索性文献，是将分散的一次文献进行加工整理，使之系统化、条理化的检索性文献。一般包括题录、书目、索引、提要和文摘等。二次文献具有报告性、汇编性和简明性等优点，是文献检索的重要工具。

4. 三次文献

又称参考性文献，指在利用二次文献的基础上，将某一范围内的一次文献进行广泛深入的分析研究之后综合浓缩而成的参考性文献。包括动态综述、专题述评、进展报告、数据手册、年度百科全书以及专题研究报告等。相对于前两种文献，具有主观综合性质，以及信息量大、覆盖面宽、浓缩度高、内容新颖等特点，参考价值大。

三、文献资料的来源

（一）书籍

这里所说的书籍，是指与研究课题有关的教科书、论著、资料性与参考性工具书、科普性著作和通俗著作等，是教育科学文献中品种最多、数量最大、历史最长的一种情报源。就各类图书而言，它往往是了解前人研究的“敲门砖”，且能较为一般地反映出某些问题，并为研究者提供一般的背景知识材料。其缺点则在于不能及时、迅速地反映最新的研究进展和研究成果。

1. 专著

专著是针对教育科学中某个专题或研究对象，进行全面、系统、深入论述的科学著作。专著大都是作者多年研究的心血，其中有自己独到的见解和新颖的材料，因此比一般性论著具有更大的查阅价值。一般性的教育论著往往比较全面地介绍了某一学科的基础知识，较好地概括了这门学科领域内的科研成果，并对教育的某一领域进行了广泛的讨论。而专著则不同，它对有关问题的研究历史与现状，以往和现在的不同学派的观点，现阶段国内外学者的不同观点、研究方法、研究成果，著者本人的研究成果，著者本人对存在的问题、出路和发展趋势的看法等都进行了系统、深入、详细的阐述。如陈向明教授的《教师如何作质的研究》、黄希庭教授的《心理学导论》、叶澜教授的《教育概论》等。

2. 教科书

教科书是根据教学大纲编写的教材，它偏向于反映学术界普遍同意或较为流行的见解，具有科学性、系统性和逻辑性的特点。由于学术的稳定性和教科书出版周期长、更新速度慢等，因而往往不能反映学术研究的最新进展。教科书所引用的资料比较可信，尤其应该注意查阅最新出版的、并附有大量参考书目和文献索引的教科书。

3. 工具书

工具书是根据一定的社会需要，以特定的编排形式与检索方法，为人们迅速提供某方面的资料或资料线索，专供人们查阅的特定类型的图书。比如年鉴和手册。

年鉴是汇集一年内重要时事文集和统计资料的工具书。如《中国教育年鉴》主要介绍了一年内教育方面的学术动态和教育实践、教育政策等方面的有关情况，为研究者全面了解有关情况与动态提供了重要的信息。手册是对某学科科学某一分支或某一具体领域的研究和进展状况进行全面介绍的工具书，其特点是概括介绍有关问题的研究历史，特别是在某一时期内研究的新成果及方法、存在的问题与可能的发展方向。通过它研究者可以在较短时间内迅速获得大量重要的、有价值的信息。手册一般间隔一段时间（几年或几十年）出版一个新版本，具有连续性，因而对于系统了解某一方面的研究历史进展很有帮助。

另外，通常在界定相关的教育概念时，我们往往需要借助辞典的解释。如《辞海》、《教育大辞典》（上海教育出版社）、《教育辞典》（江西教育出版社）、《教育学辞典》（北京出版社）等，都对检索有关教育的名词术语提供了方便。

（二）报刊

1. 报纸

报纸是以刊登新闻报道和评论为主的定期连续出版物，一般是每天、每周或每半个月出版。由于出版迅速、报道及时、传递信息快，对于研究者来说也是重要的科研资料来源。目前我国出版发行的有关教育方面的专业性报纸有几十种。如：《中国教育报》《中国教师报》等，上面专门刊登了一些教育方面的新闻报道、评论及一些学术性较强、实践性较强的文章。另外，《人民日报》《光明日报》《中国青年报》也有专门的教育科学版，定期刊登有关教育科学理论、研究、应用方面的内容。这些报纸荟萃了国内外各类教育信息，反映了教改动态和教育科研动态，研究者不仅能从中了解到某些研究的新进展、学术动态，而且还可以了解到教育实践中亟待解决的新课题，对研究者确定研究课题具有很大的参考价值。

2. 期刊

期刊是定期出版的刊物，如周刊、月刊、季刊等。由于期刊出版周期短、内容新颖、论述深入、发行量大、影响面广，反映了学术界当前最新的研究成果，是参考文献的最重要来源。

（1）专业学术期刊。教育类专业学术期刊依据研究领域和读者群的不同，分为教育基础问题类、学科教学类、教育管理类、比较教育类、德育类等，这些期刊各具特色。有的学术性和理论性较强，如《教育研究》《教育理论与实践》等；有的实践性和应用性较强，尤其是各省市教育行政部门主办的教育杂志，像《北京教育》《上海教育》《江苏教育》《四川教育》等。

（2）大学学报。全国许多大学特别是综合性大学、师范大学、师范学院的学报都有社会科学版或教育科学版。如《华东师范大学学报》（教育科学版）、《北京师范大学学报》（教育科学版）等。这些学报每期都刊登大量教育科学方面的科学论文和研究报告。这些文献基本上是专门从事有关研究工作的学者、专家、研究人员撰写的，有较高的理论价值，对小学教育教学实践有较大的理论指导意义。

（3）文摘。文摘就是论文、文章摘要的浓缩形式，是将文献的主要观点、结论和中心内容摘录出来，按一定方式编排而成的检索工具书，是检索教育科学文献的重要工具之一。它除题录外，还概括地介绍了原文的主要内容，可以帮助研究者在较短的时间内了解某一课题的文献概貌，并可据此判断是否有阅读原文的必要。如《新华文摘》《人大复印资料》等。

扩展知识：

国内7大核心期刊（或来源期刊）遴选体系：

1. 北京大学图书馆“中文核心期刊”；

2. 南京大学“中文社会科学引文索引（CSSCI）来源期刊”；

3. 中国科学技术信息研究所“中国科技论文统计源期刊”（又称“中国科技核心期刊”）；

4. 中国社会科学院文献信息中心“中国人文社会科学核心期刊”；

5. 中国科学院文献情报中心“中国科学引文数据库（CSCD）来源期刊”；

6. 中国人文社会科学学报学会“中国人文社科学报核心期刊”；

7. 万方数据股份有限公司正在建设中的“中国核心期刊遴选数据库”。

（三）学术会议文集

学术会议是学者们、研究者们进行科研成果交流的重要场所，是学术界进行学术交流的重要形式之一。在学术会议上学者们可以面对面地交流教育科研的新成果、新进展或新课题，交流各自的心得体会。在与有关专家、同行的交谈中，能够了解到他们正在做什么，将来打算做什么，能够做什么等，并从中学习他们的研究方法，发现自己的缺陷，从而使自己受到启发。因而通过学术会议可以获取许多有价值的动态信息，这些信息具有针对性强、选择性高、灵活性大的特点。

在学术会议过程中和会前、会后散发的有关论文、会议报告、纪要等，就是会议文献。

学术会议文献往往反映了一门学科某一领域的研究动向和研究成果，代表了国内外的最新学术发展水平。目前，我国教育科学界正处在一个比较活跃的时期，如中国教育学会小学语文专业委员会、中国教育学会小学数学专业委员会，以及各类教育论坛等，几乎每年都定期或不定期召开有关学术研讨会、年会，交流各自的最新研究成果，或共同研讨某一方面的学术问题，因而提供的文献也是教育科研资料的一个重要来源。

（四）非文字资料

非文字资料包括电影、电视、录音、录像以及校舍、遗迹、绘画、出土文物、歌谣等。其中电影、电视、录音、录像通过视听觉传递的知识更直接、精练、形象。校舍、遗迹、绘画、出土文物、歌谣等里面蕴藏了极大的教育信息，有待进一步发掘。

（五）互联网资料

随着数字技术的发展，大量书籍、报刊的数字化，使得在网上查询和搜集所需相关教育科研资料十分方便。研究者通过互联网把有用的材料下载，编辑整理成文档。同时，研究者还可以访问一些专门的网站，点击所需相关内容，查询相关资料并选择下载、保存。计算机检索的特点是功能强、资料多、速度快，对查阅者来说更省时、省力。

四、文献查阅的过程与方法

（一）文献查阅的过程

文献查阅是从众多的文献中迅速准确地查找出符合特定需要的文献的过程。这个过程一般由以下步骤组成：

1. 分析和准备阶段

包括以下流程：

（1）分析研究课题，确定与课题相关的关键内容（关键词或词组）；

（2）确定课题检索标识，选定适合的索引或修正系统的材料来源。

2. 搜索阶段

包括以下流程：

（1）搜索与研究课题有关的文献；

（2）选择重要的和确实可用的资料进行浏览。

3. 加工阶段

包括以下流程：

（1）将材料内容按重要程度排序或分类，同时剔除无关材料；

（2）对包含相关信息的材料作摘要或总结。

（二）文献查阅的基本方法

文献检索的传统方式是手工检索，采用顺查法（按时间顺序，对研究课题按事件发生、发展的时序，由远及近，由旧到新进行查找）、逆查法（与顺查法的行程相反）、引文查找法（以已掌握的文献中所列的引用文献、参考书目或引文注释为线索，步步追踪所需的文献）等方法。随着互联网技术的发展和文献的数字化，我们目前用得最多的是借助数据库，以主题、篇名、关键词等方式进行检索。常用的数据库有中国知网、维普、万方等。

第二节 文献综述的撰写

一、什么是文献综述

“文献综述”由“综”和“述”组成。“综”是对文献资料进行综合分析、归纳整理，使材料更精练明确，更有逻辑层次；“述”就是要求对综合整理后的文献进行比较专门的、全面的、深入的、系统地论述。也就是说，文献综述是在对某研究领域的文献进行广泛阅读和归类、提炼、概括的基础上，对该领域研究成果做出综合性介绍和阐述的实用文体，它往往能反映出有关问题的新动态、新趋势、新水平、新原理和新技术等。如果说一般论文注重的是研究方法和结果，文献综述主要介绍的是与主题有关的详细资料、动态、进展、展望以及对以上方面的评述。

文献综述的目的是对某一课题从历史到现状、存在的问题以及发展趋势等进行全面的介绍和评论，在此基础上提出自己的见解，预测未来的发展趋势。文献综述能够给研究者在充分借鉴前人已有成果的基础上就如何进一步深化本课题的研究指明方向，这也是为今后科研活动打基础的过程。同时，通过综述的写作过程，也能有效地提高研究者的归纳、分析、综合能力，有利于独立工作能力和科研能力的培养。

二、文献综述的特点

文献综述是对原始文献的再创造。其特点表现如下：

（一）内容的综合性

这是文献综述最基本的特点，表现在：一方面，文献综述将每一篇需综述的原始文献置于上下文里，并用某一方面的知识对其进行分析和综合，表现出对大量文献的综合描述。另一方面，综述广泛时空范围内的发展和情况，既有纵向描述，又有横向覆盖。

（二）语言的概括性

文献综述不是将原文献的中心内容摘录出来，也不是完全按照原文节选下来，而是在理解原文的基础上，对原始文献中的各类理论、观点、方法用简洁、精练的语言加以概括地描述，提炼出主要观点，同时舍弃原始文献中的论证、计算、推导过程等细节。

（三）信息的浓缩性

文献综述将原始文献的内容和大量信息进行浓缩，集中反映了一定时期内一批文献的内容。这就使读者不需要阅读大量原始文献，就能够对当前某一领域的研究现状有所把握，减少了重复阅读的时间。各学科综述的浓缩度是不同的，要以能否集中足够的原始文献，能否全面反映综述主题为依据来确定。

（四）评述的客观性

文献综述的客观性体现在两个方面。一方面叙述和列举的各种理论、观点、方法、技术及数据要如实地反映原始文献的内容，要讲究客观性，不得随意歪曲。另一方面，对原始文献的内容在分析、比较、评论时要保持一种客观的态度，不能根据个人的喜好、倾向进行评论，更不能感情用事。另外，在做出预测时，也要以客观的事实、数据为依据，以科学的推导方法为手段，而不是凭空想象或出于主观愿望而盲目提出。

三、文献综述的格式

文献综述的格式一般包含以下六部分：标题、摘要、前言、主题、总结和参考文献。

（一）标题

文献综述的标题是文章内容的高度概括，一般多是在论文选题的标题后加“研究综述”或“文献综述”字样。对综述的标题要求没有严格的规定，但是要注意标题要紧扣主题、高度概括、突出重点、揭示主题内容，使人一看标题就能了解综述的大致内容。如果用一个标题不能完全表达作者的意图，可以用副标题进一步揭示主题内容。最好不要用比喻性的标题。

（二）摘要

摘要是对文章内容不加注释和评论进行客观地、简短地陈述，具有独立性和完整性的特点。主要内容包括简要介绍本课题研究的意义与重要性、将要解决的主要问题、研究的目的、获得的主要成果及其意义等。

（三）前言

前言部分主要是简要介绍所综述的课题，介绍有关的概念及定义以及综述的范围、研究目的、研究的历史、现状、前景及意义等，使读者对全文所要叙述的问题有一个初步的认识。

（四）主题

这是文献综述的核心部分，是对所搜集到的文献资料进行归纳、整理及分析比较，阐明有关主题的历史背景、现状和发展方向，以及对这些问题进行详细叙述，同时还要把同行对该方面的不同看法也写进去，进行分析研究。这里要注意的是，所选取的文献的科学性、代表性要强。主题部分的内容写法多样，没有固定的格式，可以按年代顺序综述，也可按不同的问题进行综述，还可按不同的观点进行比较综述。介绍的时候，一般是对各类研究先做概括介绍，然后对此类研究中具有代表性的成果进行重点介绍。重点介绍时要求点明作者名、文献名及其具体观点。

（五）总结

总结部分要对上述研究成果的主要特点、研究趋势及价值进行概括与评价。此部分应着重说明研究的结论、本课题研究的意义、存在的分歧、有待解决的问题和发展趋势等。在对全文主题进行简要总结的基础上，提出自己的见解并对进一步的发展方向做出预测。

（六）参考文献

参考文献是综述的重要组成部分，读者可以通过阅读文后的参考文献了解本课题的相关文献，进行回溯查找。参考文献的列出，不仅表示对被引用文献作者的尊重及作为证明引用文献的依据，而且也为评审者审查提供查找线索。通过参考文献，还可以看出综述的深度和广度。

参考文献的编排应条目清楚，查找方便，内容准确无误，让人看后一目了然。

四、文献综述的撰写步骤

撰写文献综述一般要经过以下几个阶段：选题、搜集资料、整理资料、撰写。

（一）选题

选题不只是研究的前提和关键，也是写好文献综述的首要条件和关键环节。选题要注意新颖，一般选择近年来发展较快、进展较大而切合实际需要的课题。文献综述的选题一般有以下情况：

1. 为教育科学研究做准备，通常是在确定题目后，搜集与题目有关的文献内容，然后在广泛查阅文献的基础上再确定题目。

2. 反映学科的新动态，通常是结合自己较熟悉的专业，选择某一专题，收集最新的研究文献进行综述，为人们提供新的知识。

3. 在长期的阅读文献中，感到有些问题需要整理提高，在已掌握较多文献的前提下，从中选定题目。文献综述选题范围广，题目可大可小，大到一个领域、一个学科，小到一种算法、一个方法、一个理论，可根据自己的需要而定。对于小学教师而言，文献综述的题目不宜过大，越具体的内容越容易收集资料，也容易研究深入。

（二）搜集资料

文献资料是撰写文献综述的物质基础，一般来说，所搜集的文献资料要新、针对性要强、要具有参考价值，通常以近3到5年学术性期刊的论文为主，并且能够反映出本学科的新理论、新技术或新动向。搜集资料时，可以通过各种检索工具，如文献索引、文摘杂志检索等来获得资料，也可以从综述性文章、专著、教科书中摘录出有关的文献目录，再进一步检索。

（三）整理资料

尽管文献综述是由“综”和“述”组成，但它绝对不是文献的叠加和堆积，必须对知识进行再创造。因此，搜集与研究课题有关的文献后，要对这些文献进行阅读、归纳、整理。对于所引用的资料要加以选择，不可能把搜集和阅读过的所有资料都写进去，应有所取舍，特别是对于从这些文献中选出的具有代表性、科学性和可靠性、权威性大的单篇研究文献要仔细阅读。从某种意义上讲，所阅读和选择文献的质量高低，直接影响着文献综述的水平。在阅读文献过程中要善于抓住其主要观点和结论，要注意做好读书卡片或笔记。综述要如实反映原作者的观点，不能任意改动，同时文章层次要清晰，前后要照应。

（四）撰写

撰写之前要先拟好提纲，以后可逐项将内容展开，并注意观点与内容的一致。在写作过程中，可根据需要调整结构和补充内容。因此，初稿写出后，应逐段认真斟酌、推敲，反复修改和补充，注意检查符号是否统一、图表是否使用规范、标点是否正确、格式是否符合要求等，力求做到主题明确、层次清楚、数据可靠、文字精练、表达准确，以期达到条理规范。

五、撰写文献综述时注意的问题

（一）搜集的文献应尽量全面

掌握全面、大量的文献资料是写好综述的前提，随便搜集一点资料就动手撰写不可能写出好的综述。一般来说，材料越多，综述的质量就越高。

（二）引用的文献要有代表性、可靠性和科学性

如果搜集到的文献中出现观点雷同的现象，或者是有的文献在可靠性及科学性方面存在着差异，文献的质量就会打折扣。

（三）文献综述时要忠实文献内容

综述的基本原则是忠于原文、让事实说话。因而综述的内容一定要具有真实性和科学性，要符合科学的真实面貌，不能主观判断，更不能凭空想象或推测、加工。由于文献综述要有作者自己的评论分析，因此在撰写时应分清作者的观点和文献的内容，不能篡改文献的内容。

（四）参考文献不能省略

文献综述不能随意省略参考文献，列出的应是文中引用过的或能反映主题全貌的并且是作者直接阅读过的文献资料。参考文献的编排应条目清楚、查找方便，内容要准确无误。

【参考案例】

高职专院校青年教师多元学术能力提升路径研究文献综述

1. 多元学术能力内涵的研究

国外关于多元学术能力内涵的研究多是集中在本科院校。20世纪 90年代，博耶针对美国本科教育现状，提出了包括探究的学术能力、整合的学术能力、应用的学术能力和教学的学术能力的多元学术能力观。舒尔曼（1999）、赖斯（1992）、克莱博（2002）、特里格威尔（2002）等人在认可博耶的基础上，重点探讨了教学学术能力的内涵、模型建构与结构要素等问题。

国内对多元学术能力的这一提法不多，多是抓住多元学术能力内涵的某一方面进行解读。有的将多元学术能力界定为学术研究中的各种能力（肖川，2008；栗洪武，2012；杨冰，2015；王琼，2015）；有的将多元学术能力做粗略划分：张苏（2010）将多元学术能力分为学习能力、创新能力、沟通能力、学术理论的证实能力、学术过程的控制能力、工具使用

能力；黄春梅（2016）将多元学术能力分为学术敏感能力、学术批判反思能力、学术组织能力、学术交往能力、学术产出能力和学术影响力等六大维度；也有的借鉴了博耶的观点，将多元学术能力分为学术研究能力和学术性教学能力（桑元峰，2014；周光礼，2013；周玉容，2015；颜建勇，2018）。

2. 影响多元学术能力提升的因素分析

国外多半将影响因素归为观念、文化氛围、教师评价制度等。国内因对多元学术能力内涵理解的分歧，在因素分析上差别比较大。有的归因于对学术的认同度、知识结构、评价制度等（谷木荣，2018；武慧芳，2021）；刘刚（2020）认为没有对教师进行类型化划分；干婷（2021）将影响因素笼统地归为社会软环境、政策评价体系、个人价值观等。

3. 多元学术能力提升路径的研究

从国外的研究来看，博耶提出在高校层面建立“创造性契约”的建议，教师可以根据自己的节奏，选择学术能力提升的重点。有的提出要加强合作、改变评价方式等（舒尔曼，1999；尼克尔斯，2004；舍恩，2008）。

国内学者多是从多元学术能力提升的某一方面进行了研究。有的从科学与人文精神、学术品质、学术环境、经费投入、培养制度、评估考核等方面，重点研究了教师学术研究能力的提升策略（丁钢，2012；栗洪武，2012；周洪利，2015；张红珍，2015；杨利军，2018）；有的着重从深化认识、拓展知识、组织支持、制度保障等方面研究了教师教学学术能力的提升策略（桑元峰，2014；徐萍，2016；刘隽颖，2018；颜建勇，2018；刘刚，2021）；也有的从高职高专院校层面，提出科研必须遵循教学做合一、效益优先、科学发展等要求，注重科研团队与平台的建设、学习共同体的构建等（李玉龙，2019；刘燕，2020）；还有的关注到了青年教师这一群体，提出要优化学术资源的合理配置机制、改革学术综合评价机制、完善学术激励保障机制等（谷木荣，2018；干婷，2021）。

从目前已有的来说，缺乏系统性与整合性及实证研究相对不足。对于多元学术能力某一方面的研究较多，对于如何将它们作为一整套生态系统来研究的比较少；对于普通高等院校的研究比较多，对于高职专院校特别是青年教师的关注比较少；对于影响多元学术能力提升因素的分析虽然多，但缺乏实证研究作为基础；对于多元学术能力提升路径的探讨有待进一步深入，对如何在考虑到高职专教育特有的类型属性基础上，结合国家产教融合政策，从而提出更有效、操作性更强的策略均少有研究。这些都是今后本课题研究的重要努力方向。

参考文献

（略）

◆ 小学教师资格证考试历年真题 ◆

1. 在教育研究文献中，各种文物、教育史专著、名师教育实录等属于（　　）。

A. 事实性文献　　B. 工具性文献　C. 理论性文献　D. 经验性文献

解析：本题考查文献资料的类型。事实性文献是专门为教育科学研究提供事实证据的文献，也包括古今中外已被发现和证实的各种形式、各种内容的事实资料，如文物、教育史学专著、各种测验量表、各类教育实验报告、名师教育实录等。故A项正确。

2. 李老师为研究近年来我国小学教育的发展状况，需要收集有关数据，最可靠的信息来源是（　　）。

A. 教育论文　　B. 教育年鉴　　C. 教育辞书　　D. 教育著作

解析：本题考查对教育文献的理解。年鉴是以全面、系统、准确地记述上年度事物运动、发展状况为主要内容的资料性工具书，汇辑一年内的重要时事、文献和统计资料，按年度连续出版。它博采众长，集辞典、手册、年表、图录、书目、索引、文摘、表谱、统计资料、指南、便览于一身，具有资料权威、反应及时、连续出版、功能齐全的特点。因此，教育年鉴是最权威、最可靠的信息来源。B项正确。

3. 简述教育研究中文献检索的基本要求。

解析：一般而言，教育研究中，文献检索要遵循以下基本要求：

（1）检索要全面，即全面性。放宽视野，检索内容要客观全面。对于研究问题的资料收集要做到全面客观，利用多种检索方法和途径，获取翔实的文献资料，才能达到对研究课题的透彻理解与分析。

（2）检索要认真细致，即准确性。当前文献内容繁杂，在文献的阅读与分析中，要秉承准确科学的态度，对文献资料进行处理。

（3）勤于积累，要善于运用多种检索方法，建立个人资料库。在日常工作与研究中，可以根据课题类型，对文献进行分类收集，建立自己的文献资料库，提高文献检索效率。

（4）善于思索，用创造性思维综合分析检索材料。文献分析中，不要生搬硬套，要创造性地分析资料，多个角度审视资料，达到对文献的创造性与综合性应用。

第四章　抽样的方法

【学习目标】

1. 了解教育研究方法的分类。
2. 掌握抽样的常用方法。
3. 了解选择教育研究方法时应该遵循的原则。

第一节　研究方法的分类

我们对研究方法进行分类，主要是为了明确教育研究方法具有不同的方面，其侧重点是不一样的，用途也是不同的。通过对教育研究方法进行比较科学的分类，可以揭示方法与方法之间的联系，明确各方法在整个教育研究方法体系中的地位，也便于我们根据课题需要选择不同的研究方法。

一、按教育研究方法的层次进行的分类

研究方法按研究的层次可以分为三层：

第一层次是具有指导意义的哲学世界观和方法论，即马克思主义哲学观点和方法。党的二十大报告指出，坚持和发展马克思主义，必须同中国具体实际相结合。我们坚持以马克思主义为指导，是要运用其科学的世界观和方法论解决中国的问题，而不是要背诵和重复其具体结论和词句，更不能把马克思主义当成一成不变的教条。我们必须坚持解放思想、实事求

是、与时俱进、求真务实。这个层次普遍适用于任何科学，具有最高程度的指导意义，是指导研究的一般思想方法和哲学方法论，为研究者正确认识教育现象提供指导思想和理论基础，以保证教育研究的正确方向。

第二层次是一般科学方法，是许多学科或所有学科都普遍适用的方法，如统计方法等。

第三层次是教育研究中具体使用的各种方法，即以一般的、普遍的方法论和一般的科学方法论为指导的用以进行教育研究的方法，如教育观察法、教育调查法、教育实验法、行动研究、叙事研究、个案研究、比较研究等。具体的研究方法是教育研究在长期发展过程中逐渐形成的基本方法。

一般而言，这三者之间的关系是高层次指导低层次，低层次的又将高层次的具体化，不同层次的研究需要不同层次的方法。三者既相互联系，又相互影响、相互制约，从而形成了一个全方位、多功能、开放式的教育研究方法体系。

二、以研究过程的阶段为标准的分类

第一，“选题和设计”阶段的方法。包括确定课题的方法、查阅文献的方法、研究设计的方法等。

第二，“实施”阶段的方法。包括形成事实的方法和形成理论的方法等。

第三，“总结评价”阶段的方法。包括撰写报告的方法、成果评定的方法等。

三、以问题性质为标准的分类

第一，理论方法。这是对复杂的教育问题的性质和相互关系，从理论上加以分析、综合，抽象、概括，以发现其内在规律或一般性结论，主要包括归纳、演绎、类比、比较、分析、综合等方法。

第二，实证方法。主要采用自然科学中的实验、统计、计量等方法进行教育研究，主要包括观察、问卷、访谈、测量等方法。

第三，实验研究方法。这是根据一定的假设在教育活动中创造能验证实验假设的系统和环境，主动控制研究对象，排除无关因素的干扰，从而探索事物的因果关系，包括真实验、准实验等方法。

第四，历史研究法。主要是对过去发生事件的了解和解释，包括文献法等方法。

四、以研究对象的选择进行的分类

第一，总体研究方法。即对研究对象的全体进行研究，包括观察法、调查法、教育实验法、文献法、比较法、行动研究法等。

第二，个体研究方法。即从研究对象中选取单个或部分有代表性的研究对象作为样本进行研究。

第三，个案研究方法。即以一个人或几个人为样本，或以一个群体或单位为样本，对某教育问题进行研究。

第二节　如何选择研究对象

选择研究对象是教育研究活动的主要内容之一，它不仅与研究目的、内容密切相关，而且还直接关系到资料的收集、整理、分析。

一、研究对象的取样

（一）总体

总体就是研究对象的全体。当它成为统计研究对象时，又被称为统计总体，用“N”表示。例如全校小学生某次考试的成绩、某班期末考试的所有试卷等。总体不限于人或物，也可以指个性特征、心理反应和活动方式等。

组成总体的基本单元称为个体，如一个学生、一份试卷、一个分数等。总体包括的个体数目可以是有限的，如一个班的学生数，参加升学考的所有考生的分数等；也可以是无限的，如某小学毕业生的数量。因此总体可分为有限总体与无限总体。

（二）样本

从总体中抽取一部分个体进行研究的过程叫作抽样，被抽取的个体的集合称为样本。样本所包含的个体数目称为样本容量，用符号“n”表示。例如，要调查淄博市小学三年级学生的身高/体重情况，以淄博市全体小学三年级学生的身高/体重为研究总体，则每位小学三年级学生的身高/体重为研究个体。如从中抽查200位小学生的身高/体重，则这200位小学生的身高/体重就是容量n=200的一个样本。

（三）抽样的原因

在小学教育科学研究中，除了个案研究外，一般都用样本统计对总体做出估计与推断，这是由研究对象的总体的广泛性与多样性及样本本身的基本特点所决定的。

1. 总体研究难度大

作为小学教育科学研究的研究对象，即研究客体，范围很广、数量很多、种类也多种多样，加上研究者的时间、精力及人财物的限制，我们无法研究所有的个体。例如，要研究一年级小学生考试观念的形成过程，我国有上亿小学生，要逐一研究每位小学生并得出结论，既是困难的，也是不必要的。

2. 抽样可以提高研究效率

教育科学研究意义上的取样，是以概率论的大多数定律作为基础的，是根据部分样本的实际资料对总体的数量特征做出推论。由于是按随机原则从全部调查总体中抽选样本单位，而且抽样推断的抽样误差可以事先计算并加以控制，从而保证了研究结果的准确性和研究的可靠性，并提高了研究的效率。

二、抽样的基本要求

抽样关系到研究结论的有效性和可靠性。为了确保抽样的质量，提高研究结果的准确性，抽样应遵循四个基本要求：

（一）确定总体的界限

要从内涵和外延两方面明确总体界限。内涵是指概念中所反映事物的特有属性，外延是指概念对具有某种决定性属性的事物范围的反映。它们之间是相互联系、相互依存的关系，不能扩大或缩小总体的内涵，而要根据研究的课题来确定研究的总体是什么。

研究者的研究目的、课题性质决定着总体的内涵。如“山东省小学综合实践活动课程教师科学素养的调查研究”，研究的总体就是所有的小学综合实践活动教师，当然还必须对“科学素养”的涵义加以明确的界定。又如“小学三年级学生课外阅读习惯的调查研究”，研究的总体就是所有小学三年级的学生，此外，还需要了解课外阅读习惯的内涵。

研究目的决定着总体范围，例如：有关“山东省小学科学教师科学素养的调查研究”的课题，样本就得从山东省的各市、各地区、各城乡小学的科学教师中选取；而有关“小学三年级学生课外阅读习惯的调查研究”的课题，就需要从城市、农村、各种家庭、各个民族的小学三年级学生中去挑选，组成被试样本。

（二）样本要有代表性与典型性

样本的代表性关系到推论的可靠性。调查“淄博市小学生综合实践活动课程的实施现状”，所选取的样本就需要涉及淄博市各个区县的小学生。否则，这个样本就是没有代表性的。

（三）样本的数量要适中，不能太大，也不能太小

样本的数量影响到研究结果的可靠程度，因此选取的样本应该有足够的数量。选取的样本如果太大，将会耗费太多的人力、物力、财力；如果太小，则不能反映出研究总体的特征。样本容量与取样误差之间不存在线性关系，最理想的样本容量是在达到一定代表性的前提下，样本容量越小越好。

（四）机会均等，要有随机性

随机性是指在抽样过程中，要尽可能使在一定范围内的每一个体都有被抽取的均等机会。

三、抽样的基本方法

（一）简单随机抽样

简单随机抽样，也叫单纯随机取样。指从总体中不加任何分组、划类、排序等，完全随机地抽取调查单位，其特点是总体中的每一个元素都有一个相等的被抽中的概率。简单随机抽样可以通过抽签法和随机数字表法来实现。

1. 抽签法

先把总体的每个研究个体依次编上号码并写在签上，随后把签打乱，再从打乱的签中取出所需的数量，抽中的签所代表的个体就组成了样本。

2. 使用随机数字表

这种抽样方法是先把总体中的各个个体编号，然后从随机数字表中的任何地方起，按着任何方向有系统地抽取所需数目的号码作为样本。也可以利用计算机上的随机数字功能进行取样。这些号码是按照随机的方法抽出的，所以各号码被抽取的机会从理论上说也是一样的。

3. 简单随机抽样的优缺点

简单随机抽样是最普遍、最基本的取样方式。优点是可以保证样本的代表性，能够确定取样误差的理论值，简便易行。局限性是将研究对象进行编号比较费时、费力，而且如果总体同一性较差而样本容量又很小时，简单随机抽样所获得的样本代表性较差，因此一般只在样本规模比较大时采用。

（二）等距抽样

等距抽样是系统抽样中的一种。所谓等距抽样，指的是按照某种顺序给总体中所有个体编号，并且分成个体数量相等的组，使组数与抽样的数目相同，然后依照一定的次序从每组中抽取样本。

抽样的分组公式是：抽样间隔=总体数÷样本数。

例如，要从某小学三年级三个班共150名（其中一班学生为50人，二班学生为48人，三班学生为52人）学生中抽取30名学生作为研究对象，如果用等距抽样的话，先将所有的学生进行编号，即一班学生的编号是1—50号，二班学生编号为51—98号，三班学生编号为99—150号，然后计算出抽取间隔，$m=N\div n=150\div 30=5$，也就是说每5名学生中抽取1名学生。再用简单随机抽样的方法确定常数x的数值，假如$x=1$，则抽取学生的编号为1、6、11、16、21、26……141、146，也就是说抽取的一班学生为10人，二班学生为9人，三班学生为11人。

等距抽样的优点是避免了样本的不均，误差比随机抽样小。缺点是总体存在周期性变化时，容易出现系统误差。

（三）分层抽样

分层抽样也叫配额取样。它先将总体按某一属性或特征分成若干类，然后根据样本与总体的比率在每个层内按照随机的方法抽取元素。其原则是子总体内元素间的差异尽可能小，而不同子总体间差异大。例如，要从某小学二年级500名学生中抽取一个$n=100$的样本，研究学习成绩与智力的关系。研究者可以先按学生某次英语考试成绩把这500名学生分为优秀、良好、中等、较差四类，然后在各类中按20%（100÷500=20%）的比例抽取学生，加起来就是一个容量为100的样本了。

分层抽样法能够使样本中各类层人数构成与总体中的人数构成比例相当，保证了样本较高的代表性和推论的精确性。它适用于总体数量较多，并且内部差异较大的研究对象，与简单随机抽样相比，在样本数量相同时，分层抽样的误差较小。

（四）整群抽样

整群抽样就是依据随机原则，把整体划分为若干个群体，然后抽取一个或几个群体作为样本，这些群体中的所有个体都是研究的对象。例如，对某市小学毕业班学生的视力情况进行取样调查，若采用整群取样的方法，即从该市所有小学毕业班中随机抽取10个班，以这10个班的所有学生组成一个样本。

整群取样的优点在于样本比较集中，实施起来比较便利，有利于教师学生的配合，所以也是常用的取样方法。但如果各群体之间的差异较大，则会产生样本分布不均匀的问题，其代表性不如前面所讲的三种取样。克服这一缺点的办法，一是抽取更多的群体；二是根据群体内个体归属类别的不同进行分类整群取样；三是把整体中的某个或某几个具有特殊情况的成员在计算上除掉或者加以说明，以免误用研究结果。

（五）多级抽样

多级抽样也叫多阶段抽样。它是首先从所有群中抽取若干群，然后在每个抽中的群中，按照随机原则抽取样本进行调查。简而言之，就是将从总体中抽取样本的过程分成两个或两个以上的阶段的抽样方法，这在实际实施中是最为常见的一种抽样方式。同时它的抽样精度比整群抽样高，操作性更强。它主要是用于总体太大，而样本只占很小比率时。其不足是抽样误差相对于简单随机取样偏大。

第三节　如何选择研究方法

正确选择和运用教育研究方法具有重要意义。在确定科研选题、研究方向和研究目的以后，方法就起着决定性作用。方法选择恰当，应用科学合理能够保证研究方向的正确，达到既定的研究目的。反之，就会影响研究的进度，降低研究的效果，甚至把研究引入歧途，偏离了预定的研究方向。进行教育研究必须对研究方法的选择和运用给予充分的重视，选择教育研究方法时应该遵循以下原则：

一、目的性原则

就研究方法与研究目的的关系而言，研究方法要服从研究目的，不能片面地追求方法的形式。各种研究方法各有特点，各有各的用途和适用范围。适用的方法就是好的方法，对研究方法可以有不同的偏好，但不能有偏见，研究者要根据自己的研究目的、对象、内容及研究过程的需要，并结合研究者本人的条件，合理选择并运用适当的研究方法。特别是教育研究方法的选择和运用取决于研究对象的特殊性，如要研究历史上的教育情况，应运用历史方法；在现状研究中，如果所研究的现象研究者能直接观察到，就运用观察法；如只能用间接方法了解，就运用调查法或文献法；已有假设而不知结果如何，应运用实验法或行动研究法。

二、客观性原则

任何一种教育研究方法都有其自身的内在规律，都有一定的科学原理，有特定的研究程序。任何一种教育研究方法的选用都应遵循其内在的规定和基本的原则。在教育研究过程中，必须要按程序和要求去研究客观现实，不能随意更改和省略。从课题的选择到材料的分析，从方法手段到研究的组织都必须客观科学，才能取得理想的成果。同时，研究的结论必须经过证实或实验检验，才能保证其客观性、科学性。

三、综合性原则

由于教育现象和教育规律的复杂性，在进行教育研究时，很难找到“独立应用”的教育研究方法。在教育研究中，孤立地采用某种方法，是不能揭示复杂教育现象的规律的，因为每一种方法都有各自的特点和一定的适用范围，都有必不可免的局限性，综合运用多种研究方法，通过多种途径来研究教育问题才会有所突破、有所创新。一项教育研究，尤其是一项比较复杂的课题研究，一般需要在采用某一种主要方法的同时，还要兼用另外一些方法，这就是教育研究方法的综合选择和使用。任何片面强调某种方法重要而忽视其他方法的观点都是不可取的。例如要进行一项大的教育实验，制订研究方案时，需对实验对象事先摸底，这就需要教育调查法；了解实验起点，需要教育测量法；实验过程中需用教育观察法；实验结束，需选用教育测量法；实验后效研究，需选用教育调查法等。在这项教育研究中，研究方法构成了一个组合性的有机体系。

四、伦理性原则

教育研究者在从事教育研究工作时，必须具有专业的伦理道德。不重视伦理道德的研究者即使研究做得再好，也会失去研究的意义和价值。表现在方法的使用上，要遵守基本的社会道德准则，“以人为本”，尊重被研究者或被试者。如访谈时，要坚持双方的平等对话，要尊重对方的选择，要替对方保密，不侵犯个人隐私权等。要避免研究过程中对对方身体和心理的伤害，不给被研究者或被试者不恰当的压力。

五、创新性原则

党的二十大报告多次提到创新。创新并不意味着全盘否定，而是对传统教育研究方法的批判和继承，在继承与创新的平衡中，使教育在积累中更新和发展。每一种方法都有一定的适用范围，能运用到教育研究中的万能方法是不存在的，必须根据所要研究的问题适时调节教育研究方法，注意多种教育研究方法的融会贯通。

六、改造性原则

在教育研究过程中，单单寻找独特的教育研究方法的努力一般是徒劳的。教育研究方法是一个开放的系统，研究者应关注自然科学、社会科学和人文科学研究方法的最新进展，并及时运用到教育研究中来。运用时，必须根据自己的研究对象进行适合性的改造，使自己所运用的方法与研究对象真正契合起来，顺利完成研究任务。

七、绩效性原则

在选择和运用教育研究方法时要注意绩效分析。教育研究方法有很多种，如教育观察法、教调查法、教育实验法、行动研究、叙事研究等，每种研究方法因其自身的特点适合于不同的教育研究，也就是说在选择研究方法时必须选择其中最为有效的，应能够最便捷、最准确地收集资料，最全面地揭示事物的内在联系或因果关系，最客观地反映研究对象的规律，力求使问题解决得快速、准确、彻底。

八、系统性原则

党的二十大报告指出，必须坚持系统观念。万事万物是相互联系、相互依存的。只有用普遍联系的、全面系统的、发展变化的眼光观察事物，才能把握事物发展规律。教育研究要有明确的目的、严密的计划、科学的方法、周密的组织、合理的程序和步骤，从而构成一个规范科学的探索活动体系。要用整体的、系统的观点指导教育研究方法的选择。在选用教育研究方法时，必须注重事物之间的联系，要有整体系统的观点，要考虑教育与人、社会的相互联系，分析家庭环境、社会环境等的影响，要重视总体的系统研究，全面地探讨所研究的教育问题。

九、发展性原则

教育研究不应是一种短视的行为，更不是赶时髦，而是要通过开展教育研究促进教师的发展，促进学校工作的完善。因此，选择教育研究方法既要有针对性，又要有适应性、发展性。教育研究方法的选择必须要有利于促进学校、教师及学生的可持续发展。

十、可行性原则

任何一种教育研究方法对研究者都提出了一定的要求，需要具备一定的条件。也就是说任何好的研究方法只有在适合的条件下，由恰当的人员操作才能充分发挥作用。这就要求选用教育研究方法时必须考虑可行性，要对实施研究的条件进行充分考虑。教育研究方法的选用一定要根据研究者个人的水平和对方法的熟练程度，合理选用自己能操作的方法。同时，所选择的方法对自己的研究要尽可能合适，能够最大限度地达成自己研究的目标，解决所要解决的问题。教育研究方法不仅仅是具体方法及运用本身，在其背后还有方法和研究对象是否适切以及支配和影响研究者取舍方法的信念、态度、思维方式等问题。

◆ 小学教师资格证考试历年真题 ◆

按学生的年龄、性别随机抽取调查样本，这种抽样方法属于（　　）。

A. 系统抽样　　B. 分层抽样　　C. 目的抽样　　D. 有意抽样

解析： 本题考查教育研究方法中抽样调查的类型。分层抽样指先将总体按某种特征分为若干层次，再从每一层内进行随机抽样，组成一个样本。题中按学生年龄、性别随机抽样，属于分层抽样。故B选项正确。

A项：系统抽样是依据一定的抽样距离，从总体中抽取样本。与题干表述不符，为干扰选项，排除。

C项：目的抽样根据研究目的，有目的地选取一部分样本作为被试进行研究。

D项：用有意抽样法抽选样本时被选入样本的单位是根据有意识地抽选某些有代表性的抽样单位或单位群的一种抽样。与题干表述不符，为干扰选项，排除。

故正确答案为B。

第五章　教育观察法

【学习目标】

1. 了解教育观察法的含义、特点、类型等。

2. 掌握教育观察法的步骤。

第一节　教育观察法概述

一、教育观察法的概念

观察是人类认识世界的重要方法之一。简单来说，观察是对自然状态下的现实对象进行的一种主动的、有目的的、有计划的知觉。

“观察”加上“法”字就成了一种研究方法。观察法是收集资料的常用方法之一，一般指的是人们有目的、有计划地通过感官和辅助仪器，对处于自然状态下的客观事物进行系统观察，并对其进行分析研究，从而获取经验事实的一种科学研究方法。这里所谓的“有目的、有计划”，是指根据科学研究的任务，对于观察对象、观察范围、观察条件和观察方法做了明确的选择，而不是观察能作用于人感官的任何事物；所谓的“自然状态”，是指对观察对象与发生的情景不加控制、不加干预、不影响其常态的状况。可以看出，一切观察都含有两个因素，即感官知觉因素（通常是视觉）和思维因素。

科学的观察法源于日常观察法，却又高于日常观察法。科学观察与日常观察的共同之处是都在自然条件下感知对象，但是科学观察并不是指人们对观察的一般理解，即不仅仅是“仔细察看”，而是在自然存在的条件下，研究者凭借自身的感觉器官和其他辅助工具，有目的、有计划地考查研究对象的一种研究方法。可以说，有目的、有计划地选择特定的研究对象，并作严格详细的观察记录，这是科学观察与日常观察的主要区别。日常观察虽然也可以带着目的，有计划地进行，但不像科学的观察那样严谨。

教育观察法是从别的学科领域中借鉴来的，在教育研究中得到了非常广泛的应用，它特别适用于基础教育的研究。教育观察法是对教育现象发生发展的具体过程进行细致的系统记录，使研究者获得最原始的资料。

二、教育观察法的优点和缺点

教育观察法作为小学教育科学研究中的一种基本研究方法，可以直接从生活中取得材料，获得的材料比较充实、客观，能够保持被观察行为的自然性和客观性。同时，它不受条件环境和设备的限制，可以随时随地加以运用，具有较明显的优势特征。当然，它跟任何方法一样，也有它的局限性。

（一）优点

1. 能动性高

英国著名科学家贝弗里奇指出：“所谓观察，不仅止于看见事物，还包括思维过程在内。”科学的观察不是一种简单反射式的感觉，而是一种能动性的感性认识活动，是研究者根据需要，有目的、有意识地进行的一种活动，因而是自觉的、主动的，而不是盲目的、被动的。为此，在观察之前，应根据研究任务，制订好计划，包括确定观察对象、观察条件、观察范围和观察方法，以保证观察有目的地进行。在观察中，做到既要按原计划进行，又要根据情况的变化对计划做适当的调整，做到充分发挥观察者的主观能动性，从多变的现象中捕捉到有价值的信息。

2. 选择性强

科学的观察并不是一般地认识现象和事实，而是从大量客观事实中，选择典型的观察对象、条件、时间和地点，获得典型事物的现象和过程。因此，进行观察时要求观察者将自己的注意力有选择地集中在某一观察对象上，同时尽量排除外界无关刺激的影响，始终和有意注意结合在一起，这样的观察才能获得预期的成效。

3. 客观程度高

由于观察所获得的事实材料是认识事物的依据，是科学研究的基础，因此观察所获得的现象和过程要能够如实地反映客观事实，做到实事求是。在观察中要做到客观性，首先要确保观察在自然存在的条件下进行，绝对不能影响被观察者的常态。同时，在观察过程中，要如实地反映现实情况，虽然不可能完全做到，但严格意义上来说，观察者是不能带有任何感情色彩，不允许掺杂个人偏见的，否则就会掩盖了对观察对象情况的真实反映。有时，可根据实际情况，对于被观察的现象或过程在重复出现的情况下，进行反复的观察，目的是获得比较科学、客观、准确的研究资料。当然，对于那些稍纵即逝的现象和过程，则不适于单独用观察法去研究。因为在这种情况下，观察者无法复核和确定观察结果是否正确。

（二）缺点

1. 被观察的对象受到限制

由于观察法研究的多是表面现象，它不能改变观察情境、不易把握观察进程、对其结果也不用作统计处理，因此观察样本和观察范围相对较小。只有当研究目的是描述对象在自然状态的具体表现，需要对正在进行的教育教学活动的过程做出描述时，或者需要获得研究对象或事态变化过程第一手资料时，才适合用观察法。如研究小学生的同伴交往特点、研究小学生的课堂表现等活动，就比较适合用观察法搜集材料。但是当研究对象总体比较大、研究时间较长时不宜甚至不能用观察法。至于一些较敏感的问题，也不适于用观察法。

2. 观察的过程缺乏控制

在真实的教育情景中，观察者往往对可能影响观察对象真实情况的外部无关变量难以控制。对于一些教育现象，如师生的情感关系、教师教学的风格，由于观察结果较难用数量表示，从而影响研究结论的说服力。再加上由于感官是有一定阈值的，受人的生理的局限，所以人们常常只能凭感官对观察对象做出大概的估计，从而影响观察的精度。同时，在观察中，由于观察者处于被动的观察地位，所以观察者不能改变观察情境，观察过程缺乏数据证明。

3. 观察的结果受到局限

由于方法本身的特点，观察法常常只局限于了解表面的现象，难以分辨是偶然的事实还是有规律性的事实。对于处在不断运动变化中事物的现象或过程，人们常常观察不到。由于观察法只能观察到“有什么”“是什么”，难以得出“为什么”，所以研究结果具有表面化而不够深入的特点。同时，观察者对所获材料的解释，难免受观察者水平的局限而带上主观色彩。因此，观察法主要用于对事物外部现象和外部联系的直接认识，而不宜用于对问题的内在核心联系方面的研究，要证实内在联系的存在，还需用实验等其他方法进行研究。

鉴于观察法的局限性，陈向明教授指出，一般来说，观察不适合如下情况：（1）对研究对象进行大规模的宏观调查；（2）对过去的事情、外域社会现象以及隐秘的私人生活进行调查；（3）了解被研究者的思想观念、语词概念和意义解释；（4）对社会现象进行因果分析。这需要我们全面地、辩证地看待观察法，把握观察法的本质特征。

三、教育观察法的意义

1. 观察法是获取原始资料的最基本方法

观察法因其方便易行、客观性强，成为获得第一手资料最基本的方法。观察法比较便于与其他研究方法组合使用，从而发挥组合中各方的最大优点。比如实验法中也有观察。例如皮亚杰在对儿童进行液体守恒定律实验的同时，又运用了观察、谈话的方法。他在儿童面前呈现两个相同的玻璃瓶，放入同样数量的水。然后把其中一瓶水倒在高一点、窄一点的一个瓶子里，另一瓶水倒在矮一点、粗一点的一个瓶子里，再问这两瓶水是否一样多。3岁的小朋友说不一样多，因为这瓶水高，那瓶水矮；6岁的小朋友说一样多，因为这瓶水高，可是窄一点，那瓶水矮，可是粗一点。这说明6岁儿童已经从二维角度看问题，具有补偿性。6岁孩子又补充说明，“把这两瓶水倒回原来的瓶子里，水还是一样高”，“这两瓶水就是原来的两瓶水”，这就是可逆性与同一性。可逆性、同一性、补偿性是思维守恒性的三个主要特征。皮亚杰正是通过观察和谈话证实了6岁儿童的思维已经具有守恒性。

2. 观察法是课题选择和形成的重要来源，是发现问题、提出问题的前提

在教育科学领域中有许多有待研究的新问题，研究者只要善于洞察和捕捉，进行深入思考，就能透过现象发现和提出新问题。例如在大课间的阳光体育活动中，教师通过观察学生的争执行为，提出了儿童游戏中的冲突与解决的研究课题。

3. 观察法是验证理论的重要手段

教育科研结果的有效性与教育科学理论的正确性，可以通过多种方法进行验证。观察是检验科研结果可靠性和科学性的重要途径。尤其是某些暂时难以通过测量或实验进行验证的项目，更需要观察。爱因斯坦说过，“理论之所以成立，其根源就在于它同大量的单个观察关联着，而理论的‘真理性’也正在此”。例如要检验数学课的“质疑教学”模式是否确实调动了学生学习活动的积极性和创造性，就可以通过对课堂上学生听讲和回答问题时的反应的“大量的单个的观察”来加以验证。

四、观察法的类型

从不同的角度进行划分，观察法可以分为不同的类型。

（一）根据观察是否借助仪器，可以分为直接观察和间接观察

1. 直接观察

这是凭借研究者的眼、耳等感觉器官，直接对现象或事物进行感知，从而获得感性材料的方法。如通过听课、参观、参加活动等获得被观察对象的感性材料。通过直接观察，观察者能够获得直观、具体、生动的印象，容易形成对事物的有机整体性认识。但是其缺点是由于受人体自然器官的限制，有一些现象无法观察到，致使被观察现象不能被完整地保存下来。同时，直接观察如随堂听课活动本身会影响观察对象的活动，从而影响到搜集资料的客观真实性。

2. 间接观察

这是利用仪器或其他技术手段对事物或现象进行观察的方法。如通过仪器记录的照片、录音、录像等资料获得感性材料。间接观察法的优点是能够克服人类感官的局限性，使获得的感性材料更加全面、精确，同时观察者的观察活动本身也不影响被观察者的活动。其缺点是由于观察者缺乏身临其境的感觉，使得观察获得的资料欠生动、直观，进行间接观察的操作也比直接观察法麻烦。

（二）根据观察内容是否有设计并有结构，可分为结构式观察与非结构式观察

1. 结构式观察

结构性观察是指观察者根据事先设计好的提纲并严格按照规定的内容和计划所进行的可控性观察。它的特点是有明确的观察目标、结构严谨，计划周密、观察过程标准化，能够获得大量确定和翔实的观察资料，并能对观察资料进行定量分析和对比研究。但采用这种方法进行观察往往缺乏弹性，比较费时，容易影响观察结果的深度与广度，多用于验证性的研究。

2. 非结构式观察

非结构式观察则是一种开放式的观察活动，只有一个总的观察目的和要求，或一个大致的观察内容和范围，但没有详细的观察项目和指标，亦无具体的记录表格，可根据实际情况随时调整观察的计划和内容。它的特点是观察时弹性大，随意性大，因而，这种观察方法的适应性强，而且操作简单易行。用这种方法收集的资料较零散，整理难度大，不容易进行定量分析，得不出确切的结论，多用于探索性的研究中。

（三）根据观察者是否直接参与被观察者所从事的活动，可分为参与性观察与非参与性观察

1. 参与性观察

参与性观察指观察者直接参与到被观察者的活动之中，从而系统地收集资料，达到观察目的的一种方法。参与性观察根据参与的程度又可分为完全参与观察和不完全参与观察两种。

（1）完全参与观察

完全参与观察是一种隐蔽参与观察法。指观察者隐瞒自己的真实身份和研究目的，自然加入被观察者群体中进行的观察，其目的是不影响被观察者的行为表现，如以任课教师的角色进入课堂观察学生的行为。完全参与观察的优点是观察者参与到被观察者的工作、学习以及生活当中去，与被观察者建立比较密切的关系，缩短观察者与被观察者的心理距离，在相互接触与直接体验中倾听和观察被观察者的言行，可以使观察不只停留在外部可见、可测的现象，而是深入事物的内部结构与状态，发现非参与观察所不可能发现的问题。存在的缺点是观察者容易成为左右活动的人物，或带有偏见，有时也会以自己的感受代替观察对象的感受。

（2）不完全参与观察

不完全参与观察是指观察者不隐瞒自己的真实身份和研究目的，在被观察者接纳后进行的观察。如参加学生兴趣小组活动时的观察，直接参加学校、班级的活动进行的观察等。在这里，观察者既是研究者又是参与者。不完全参与观察避免了被研究者因心理紧张而产生的疑虑，可以进行自然的观察。

2. 非参与性观察

非参与性观察指的是观察者不直接参与被观察者的活动，而是以旁观者的身份对观察对象进行观察，了解事物发展的动态。在条件允许的条件下，观察者可以对现场进行录像。非参与性观察能够不受被观察者的影响，进行比较客观的观察，使观察对象的活动真实、自然，搜集资料客观，从而提高观察结论的可靠性，也易于获得较为“真实”的资料。如研究者设置一个教育教学活动的场面，借助隐蔽的录音录像系统对学生的行为表现进行观察。但是这种观察方法不介入被观察对象的活动，而是以局外人的身份从外部观察并记录观察对象的行为表现与活动过程，同时观察者由于没有亲身体验活动，所以其内在价值的材料不容易获得，不容易深入了解到被观察者的内部状态。

（四）按照观察的情境条件，可以分为自然观察与控制观察

1. 自然观察

自然观察是指对观察对象不加控制，在完全自然的条件下进行精心的观察，它包括了自然行为的系统现象观察以及偶然现象的观察。通过这种观察方法收集到的材料较为客观真实，但对观察对象本质上的东西把握不够。这种观察能系统地记录观察对象的发展性变化，收集到较为客观真实的资料，具有生态效应。但这种观察常常需要花费较多的时间和精力，观察所获得的材料往往是观察对象的外部行为表现，难以确定内在的因果关系。另外，观察难免带有主观选择性，只记录观察者感兴趣的行为表现，而忽略一些重要的行为细节。

2. 控制观察

控制观察又称实验室观察或条件观察，指在研究者控制条件的过程中，对现象或行为进行的观察。通常要求观察程序标准化、观察问题结构化。这是按照一系列严密的观察计划进行的，这种观察能捕捉到较为深层次的东西，有利于探讨事物内在的因果关系，能克服因观察者主观选择而产生的误差。但由于对环境条件的人为控制难度较高，实施起来较困难。

（五）按照对观察对象及行为表现的取样方法，可以分为时间取样观察和事件取样观察

1. 时间取样观察

指专门观察和记录在特定的时间内所发生的特定的行为的方法，即在一个确定的较短的时间阶段里，选择一定的行为事件样例或样本进行观察和记录。这种观察法可以随机选择时间，也可以选择可能发生典型行为或事件发生相对集中的时间。对行为的记录不是叙述性的，而是数字性的。例如一节课内教师提问和学生举手回答问题的次数。

运用时间取样观察法有下列前提与要求：

（1）只适用于经常发生的行为，频度较高，一般每15分钟不低于1次。例如“低年级学生对教师依赖行为的研究”就可以采用此法，但如果是“高中生对教师依赖行为的研究”就不能用。因为高中生对教师的依赖行为毕竟不是经常发生的；

（2）只适用于观察外显行为，不宜观察内在行为。例如“小学生的课堂思维方式研究”就无法用直观的办法看到，也就不能用时间取样观察法；

（3）观察者要确定观察目的、观察对象、观察的范围和时间，包括观察记录的格式；

（4）观察者对所要观察的行为或事件给予明确的操作定义。

2. 事件取样观察

观察者从观察对象多种多样的行为中选出有代表性的行为进行观察。在自然状态下，等待所要观察的行为出现，然后记录这一行为的全貌，包括行为发生的背景、发生的原因、行为的变化、行为的终止与结果等。与时间取样观察法不同，事件取样观察法不存在遵守时间的问题，着重于行为的特点、性质，而前者着重于行为是否存在，要严格遵守规定的时间。如研究者了解一名学生读一篇课文的总体情况，包括时间长短、对课文的理解程度、对词汇的掌握等，应采用事件取样观察法，但如了解该生读错字的次数，则应采用时间取样观察法。

事件取样观察法的前提与要求是：

（1）事件取样观察一般只适用于定性资料，较难顾及定量指标；

（2）观察者要事先确定所要研究的行为或事件，确定其操作定义；

（3）观察者要选择最有利的时机和场合进行观察。如儿童行为的研究就选择儿童自由分散活动的时间；而要研究儿童的语言则需选择有成人在场或其他儿童在场的情景下作观察；

（4）观察者要事先确定所需记录的资料种类与记录形式。

（六）依据观察的系统性，又可以分为系统性观察与非系统性观察

1. 系统性观察

系统性观察是把观察客体作为一个整体，并对之进行系统的观察。这种观察要运用系统思维，从总体出发，对系统中的各子系统进行分解观察，而后又回到总系统的综合观察研究。

2. 非系统性观察

非系统性观察又称为随机观察，是按随机抽样的方法，从观察总体中随机抽取观察样本进行观察。它与系统观察的区别在于观察对象范围的确定。当然，在非系统观察的客体单位中，也可以应用系统观察的方法进行更加深入的观察研究。

五、观察法的适用领域

观察法在小学教育教学和教育科学研究的许多领域中得到了广泛的运用，并发挥了重要作用。观察法的适用领域大致有以下几种：

（一）学生的学习、生活、娱乐等方面的情况

包括学生的学习时间、学习习惯，学生的生活自理能力、心理状况和消费状况，学生的课外时间、空间的安排，学生在活动中的表现和感受以及对不同活动的选择倾向等。

（二）教师的教育、教学活动

包括教师在课堂教学中的活动情况、教师德育工作、教师作为班主任的教育活动等。党的二十大报告指出，办好人民满意的教育。教育是国之大计、党之大计。培养什么人、怎样培养人、为谁培养人是教育的根本问题。育人的主体是教师，教师的教育、教学活动是能否办好人民满意的教育的关键。因此，教师的教育、教学工作要特别重视。

（三）学生与教师的关系

涉及教师对学生的态度（民主、严格、专横等），学生对教师的态度（亲近、疏远、钦佩、敬畏等），教师教育行为与学生行为表现之间的关系等。

（四）学生或教师的群体氛围

包括凝聚力、离散倾向、人际关系等。

（五）学校管理

包括学校常规管理、学校办学特色、改革举措等。

（六）影响教育的其他因素

包括观察不同教材、教学手段、校园环境对教育的影响等。

需要注意的是，在具体应用中，观察法往往不是单独发生作用，而是与其他研究方法一起协同作用；教育观察法的成果往往不是单独发挥某项作用，而是综合发挥多种功能。如“游戏在小学数学教学中的作用”的研究，观察法可以验证实验成果，但必须与实验法一起协同作用。观察的结果不仅仅验证游戏可以调动学生学习积极性这一实验假设，还可以检验把适度的游戏引入小学数学教学在开发学生智力等方面的功能。

第二节　观察的记录方法

观察的记录方法有很多，在教育科学研究中，常用的主要有实况详录法、事件取样法、时间取样法、日记描述法、轶事记录法、等级评定法。

一、实况详录法

实况详录法是在一段时间内，连续地、尽可能详尽地记录观察对象的所有表现或活动，从而进行研究的方法。其目的是无选择地记录被研究行为或现象系列中的全部细节，获得对这些行为或现象的详细的、客观的描述。实况详录法获得的材料是与行为和环境有关的一切信息，其目的是完整、客观、可永久保留地对所发生的行为作描述性记录，具有开放性、非理论性的特点。

二、时间取样法

时间取样法是在一定时间内，选择一定的时段进行专门观察和记录观察对象的现象和过程的一种方法。时间取样法将被研究者在每一时间阶段中的行为看成是一般通常情况下的一个样本，然后抽取充分多的时段，通过观察这些时间段中的行为，便可得出规律性的结论。如选择每周二、四、六的上午第一节课，就教师提问和男女学生举手回答问题的次数加以记录，来研究男女学生的成就动机问题。如进行课业负担现状的观察，在校内就选择下课时间、午休时间进行观察，统计和记录这些抽样时间内在教室里做作业的人数，从而做出分析判断。时间取样法能够使观察过程本身与资料分析过程简化，并且能够收集到关于行为频率的资料，提供定量结果，对检验假设有一定的价值。

时间取样法的操作过程：精确定义所要计数的行为（关键）；根据定义制作记录表格；确定观察次数与时间，进行观察并记录；根据观察结果制作图表（直方图法）。

如：记录游戏中儿童的攻击行为，定义哪些行为是攻击行为，如手推、脚踢、牙咬、骂人等。

行为 频率	手推	脚踢	牙咬	骂人

时间取样法有它最适宜的使用范围。首先，仅适用于研究经常发生的行为，对于15分钟内不易出现的行为不适用；其次，仅适用于观察外显的行为，如儿童遵守纪律情况、儿童分享行为、儿童依赖行为、师生交往活动类型等。不宜观察内在行为，如同情心、成功、思维、想象等。此外，所得的材料往往只能说明行为的某些特性（如频率），而难以得到关于环境、背景的资料，难以考察行为的相互关系和连续性，故很难揭示因果关系。

三、事件取样法

事件取样法是根据一定的研究目的，以事件为单位进行观察，了解某些特定行为或事件的完整过程而进行的研究方法。事件取样法不受时间间隔与时段规定的限制，其研究的是特定类别的完整行为事件，测量的不是限定时间单位中的行为表现，只要所期待的事件一出现，便可记录。如对低年级小学生的告状行为进行研究，每当小学生出现告状行为时，就进行观察，据此分析小学生告状的原因，为以后提出相应的解决策略奠定基础，这种观察就属于事件取样法。记录时可采用行为分类记录系统与对事件前因后果及环境背景等的描述性记录相结合的方法。

事件取样法既可作预先的计划安排与准备，以获取较为有代表性的行为样本，又能够在一定程度上保留行为的连续性与完整性，还可得到关于事件的环境与背景资料，因此可广泛用于对行为事件的观察。其主要局限性在于，于儿童在不同的时间和场合下发生的同类行为，有时可能具有不同的内在含义，因此结果可能缺乏测量的稳定性。因此，运用事件取样法应特别注意记录与分析行为事件发生的情境与背景。

有一次，我到南京去，在火车上遇到一个母亲，她带了两个小孩子，一个大的，大约4岁，一个小的，大约2岁。小的抱在怀里，大的坐在椅子上。母亲让大的坐好不准动，大的坐了一会儿就吵起来，他要弟弟的摇铃，母亲不给他，他就哭了。母亲叫他不要哭，对他说："你做哥哥，比弟弟大，还要哭吗？不许哭!不许哭！”不过哥哥还是哭，还是吵。后来母亲打了他几下，他哭得更加厉害。那时我想这样小的孩子，哪里可以像成人一样坐得住，他应当有东西玩玩，有图画看看，有事情做做，就不会厌倦了。他哭了好久，那母亲另外买了一个摇铃给他，他一拿到之后，揩揩眼泪，就笑嘻嘻地玩了。（陈鹤琴的观察笔记）

四、日记描述法

日记描述法又称为儿童传记法，它是在对同一个或同一组儿童长期反复的观察过程中，以日记的形式对儿童的行为表现进行描述的方法。最早的是1774年裴斯泰洛齐的《一个父亲的日记》。儿童心理学的创始人普莱尔的《儿童心理》、皮亚杰的《儿童心理学》、我国教育家陈鹤琴的《儿童心理之研究》，都是用日记描述法对儿童的发展进行研究的。

日记描述法通常分为综合日记法和主题日记法两种。综合日记法常用于记录儿童发展过程中出现的新的行为表现及具有里程碑意义的新动作和行为现象。主题日记法主要侧重于记录儿童某方面的新发展，如认知发展、情绪发展、言语发展、个性发展等。

日记描述法一般适用于个案研究，在观察者与被观察者关系较密切或接触频繁时通常也可运用。日记描述法能够记录少数对象详细而长期的表现，方便易行，获得的资料一般较真实可靠。但是由于日记描述法主要是对个别（或少数）对象的日常观察，只能说明少数儿童的特点与情况，缺乏代表性，所以难以做出有意义的概括。另外，此法要求观察者持之以恒，长期跟踪观察，需要花费大量的时间和精力。

五、轶事记录法

轶事记录法是观察者把自己认为有价值、有意义的任何可以表现被观察者某一方面发展的新行为情景记录下来，并进行研究的一种方法。不同于日记描述法的是，轶事是指独特的事，可以是观察者感兴趣的事，觉得有价值有意义的事，也可以是被观察者典型的行为，或者是反映被观察者身心发展状态有比较明显变化的事。

轶事记录法比较简单，只需要记录与事情相关的情况即可，不需要严格的观察表格和程序，但缺点是主观性强，不是现场启示，而是事后追记，内容可能有出入。

轶事记录法与事件取样法有相似之处，不同的是，事件取样法是实施正式观察时采用的，而不是事后追忆。

六、等级评定法

等级评定法是根据一定的标准，由观察者对被观察者的某些行为表现加以划分，并根据制订的标准，客观地给予评价，并确定相应的等级。

评定的方式可以用等级（优、良、中、差）、字母（A、B、C、D）或数字（1，2，3，4）表示，还可用词语描述（基本达到、不合格；无反应、反应一般、反应极快）等。等级评定可以当场评定，也可在观察之后根据综合印象评定。比较客观的评定方法应是事先规定各种等级的具体标准指标，并由各个观察者当场评定之后，考查其一致同意的程度。

第三节　教育观察法的实施

一、教育观察法实施前的准备工作

（一）明确观察目的和内容

根据课题研究的任务和研究对象的特点，确定该观察的子目标。对于观察中要了解什么情况，搜集哪方面的事实材料，都要做出明确的规定。在此基础上，确定观察内容。

合格的观察内容除了要能准确地反映、体现或说明观察目的、确定观察对象外，还要能够被操作，即观察者能观察到所要观察的行为或事件。因此，要明确界定观察内容在具体场景中的实际表现，包括行为表现、事件发生发展的标志等操作性定义。例如美国社会学家贝尔斯对小群体的互动行为的研究，首先就应准确地理解什么是“互动行为”，其内涵与外延是什么；其次要说清楚“互动行为”的具体表现。人们可以从社会情感部分和工作任务部分加以观察。贝尔斯又详细给予这两部分以操作性定义。例如社会情感部分的消极情感，其外在形态被定义为分歧（不同意、消极拒绝）、紧张、对抗（表示反对，贬低他人，进行自卫）等三方面。

（二）大略调查和试探性观察

目的在于掌握情况，对所要观察的对象和内容有个基本的了解，以便正确地计划整个观察过程。例如，要观察某校青年教师的教学工作，就应当预先到学校了解这些教师的工作情况、学生的情况、有关的环境与条件等，还可以向有关人员访谈，以及查阅一些资料等。

（三）选择观察方法

如上节所述，不同类型的观察法各有其优缺点，具体的观察内容和相关的客观条件也各不相同。观察者要结合具体情况，选择最有利于获得真实信息的最简捷的观察方法，从而经济地、有效地获得科学的结论。

（四）编制观察记录表

观察记录是确保观察到的事实材料准确客观的重要一环。为使观察记录全面、系统和准确，就要编制观察记录表。一份好的观察记录表至少具有两方面的功能。一是实施功能。依据记录表合理分配注意力，按要求实施观察，可使观察者避免遗漏重要内容或注意到与研究课题无关的内容。二是记录功能。观察者系统地记录下观察资料，便于研究者进一步的分析与整理。观察记录是录音或录像所不能代替的。后者只是供观察者查询的原始资料，没有实施与记录功能。

观察者应该从实际出发，依据不同的研究目的和观察类型，编制出有个性的观察记录表。例如，若采用时间取样观察法，则应对观察对象在特定时间内可能有的行为事件作尽可能全面的预计，并设计在记录表内。

编制观察记录表要规定统一性标准。其目的是增加观察的客观性，便于衡量和评价各种现象，易于用数量来表达观察的现象，使观察结果可以核对、比较、统计和综合。如：有的涉及单位问题，如怎样衡量学生所掌握的知识质量。有的涉及定义问题，如怎样才算违反纪律；有的涉及计算方式问题，如怎样登记和表达学生之间产生矛盾的频率等。对类似问题，都应事先做好统一规定。

（五）组织分工和应变措施

只要是涉及两个观察对象以上的观察，就会有分工合作的问题。要分出主次，确保每个成员的分工明确、任务清晰。对于可能出现的问题，要有预案。

二、观察法的实施步骤

在明确了课题研究目的，确定了观察对象、观察地点、观察方法和记录观察结果的手段以后，实施观察主要有以下几步：

（一）训练观察人员

有些研究项目的观察对象较多，观察时间较长，为了提高研究的效率，确保如期完成研究任务，可以由数名乃至几十名或更多的观察人员分工负责，共同完成观察任务。但并不是任何人都能承担观察任务，对观察人员的要求是：

1. 能准确理解课题研究的背景、目的与意义，确切地把握将要进行的观察的目标。

2. 熟悉所采用的观察方法的特点、观察过程和技巧。

3. 掌握观察内容，熟悉其操作性定义，会快速准确地记录观察结果。

为此，应对观察人员进行知识培训和实践培训。一般来说，只有当不同观察人员的观察一致性达到80%以上时，培训任务才可以结束。

（二）获准进入现场

教育观察大多是在行为或事件发生的现场进行的，在很多场合下属于现场观察的范畴。要获准进入现场实施观察，观察者要做到三件事：

1. 持有可信的证明文件，使观察对象相信观察者具有合法的身份和合理的研究目的。观察人员最好有合法的、能证明自己身份和观察研究目的的文件或证件。当然，教师若对自己工作范围内的对象进行观察，是不会存在什么问题的。

2. 了解观察对象的生活习惯、兴趣爱好等，使研究者消除对观察对象的陌生感。

3. 与观察对象建立友善关系，使观察对象乐意接纳观察者，乐意为观察者提供必要的条件，最好能在得到允许的基础上取得有关人员的积极配合。

（三）实施观察

实施观察是观察的核心阶段。应做到如下几点：

1. 严格按计划进行，观察时目的必须明确，不超出原定范围。但如果原定计划确有不当之处，或观察对象有所变更，则应随机应变，务求妥善地完成预定任务。

2. 选择最适当的观察位置。要保证所要观察的现象清晰地落在观察者视野之内，同时不要影响观察对象的常态。

3. 要辨别重要的和无关重要的因素。资料的重要程度与它对完成研究任务的作用大小成正比。

4. 要善于抓住引起各种现象的原因。在观察过程中保持注意力的高度集中，每当一种新现象出现，都能找出引起它的原因。

5. 要把观察的焦点放在观察对象的活动及其引起的反应上。例如教师的活动及其引起的学生的反应、一些学生的活动及其引起的另一些学生的反应等。

6. 应着重注意一贯性的现象，但也不放过偶然的或例外的现象。后者虽然往往是无足轻重的，但有时对全面正确地了解观察对象，也是很重要的。

7. 在某些情况下，借助仪器例如照相机、录音机、摄像机等使观察更加精确。

8. 范围较广或较复杂的观察可以分小组进行，小组间应有明确的分工、统一的操作规范与标准。

9. 对同一观察对象，有必要在类似情景或不同情景下进行反复的细致的观察。

（四）做好观察记录

做好观察记录实质上是实施观察的一部分，是确保观察到的材料准确、客观的重要一环。观察记录力求系统、准确，还要讲究方法。

1. 尽可能详尽记录客观事实，避免主观性记录。观察时要注意这样6个方面的记录：

（1）何人：观察对象；

（2）何地：行为或事件发生的场景、地点；

（3）何时：日期、时间；

（4）何事：什么行为或事件；

（5）怎样：行为或事件的具体表现及过程；

（6）为什么：行为或事件的原因。

2. 选择合适有效的记录方法

记录的方法要根据观察目的来选择，可以是一种，也可以是几种方法的组合。具体的观察记录方法请见上节内容。

（五）资料的整理与分析

1. 资料审核。审核资料是否有助于达到观察目的，以及资料的准确性、完整性。

2. 资料归类。根据观察目的确立相互排斥和详尽无遗的类别以包含所有资料，做到不重复也不遗漏，也可以采用表示历史和现时发展变化的流程图的方法，把资料按事件发生的先后顺序排列。

3. 资料的整理和初步描述统计。

三、观察法实施时的注意事项

（一）观察的目的性原则

观察要有明确的目的，要有计划、有步骤地进行，决不能凭个人的兴趣行事。为了达到这个原则，需要注意以下问题：

1. 要按照研究目的设计出完整细致的观察方案，经审定后严格执行。

2. 要按照研究目的认真选择典型的观察对象，避免以偏概全，同时要考虑对象的能见度。

以此为基本的出发点去选择最佳的观察时间、观察角度、观察手段和方法。例如对小学生学习态度和学习精神现状的观察，由观察目的，观察者可选择不同类型的小学生作为被观察者；选择能够反映学习态度和学习精神的主要指标，如时效性、求知欲、创造力、自强性、意志力、学习习惯等；选择能见度较高的典型指标如时效性；选择观察的时间与地点等。

（二）**观察的客观性原则**

要采取实事求是的科学态度，不能掺入个人的偏见，这样观察到的材料才能如实地反映客观事实。观察的客观性原则要求我们注意以下各点：

1. 坚持在自然条件下进行观察

只有在自然条件下，才能观察到真实的反应。最好被观察者不知道有人在观察自己。如果被观察者意识到自己在被人观察，就有可能改变自己的行为，做出某种不正常、不自在的反应，这就是“观察反应性”现象。例如：

某校对一名心灵受过创伤的学生进行观察。尽管事件已成为过去，他也回到学校开始了新的学习生活，但是，心灵的创伤使他对生活失去希望。为了唤起他的生活信心，学校设计了有针对性的较为系统的教育措施，同时进行教育措施与激发自信心相关性的研究。一方面绘制教育措施序列表，对其进行为期一年的心理疗愈；另一方面派两名学生，与他生活在一起，进行一年的观察，绘制出他情绪升降变化的曲线图。在被观察者保持自然常态的情况下，观察记录了很有价值的资料。然而，由于观察者的不慎，被观察对象意识到自己被跟踪观察，情绪变化的曲线一下子就变得毫无意义，已经获得的教育效果也几乎化为乌有。观察只好终止。经过师生共同努力，最后才恢复常态。

2. 观察者要客观描述观察到的事实，避免“观察者放任”现象

“观察者放任”现象即观察者对被观察者某一方面的好的或不好的印象不适当地影响了观察者对被观察者某一方面的评定，甚至导致观察者不再一丝不苟地作详细的观察记录。

观察者偏见是大脑对现实情境的错误认知，这个错误是由观察者本人的预期和动机导致的，这就是所谓的眼见未必为实。有一个关于观察者偏见的极端例子是这样的：

一位心理学家有一次给听众做了一次演讲，演讲的内容是关于和平的，听众里包含了很多记者，他们的座位都位于会场的前排，结果这些记者却写出了不同的见闻。有一个记者写道“会场上鸦雀无声”，而另一个记者却写道“会场上掌声不断”；一个记者写道“演讲者总是在微笑”，另一个记者写道“他脸色严肃，没有一丝笑容”；一个记者写道“他的脸由于激动变得紫红”，另一个记者则认为他的脸变得惨白……这也就意味着观察者在掺杂个人偏见或者感情色彩时，观察到的并不是事情的真相，而是所预期的东西。

3. 观察者要认清假象，避免错觉，有时要做反复的、细致的观察

只有经过反复观察，才能准确地反映客观事实。

在进行学生心理卫生现状及其对策的研究中，集中对两个班级学生进行观察，发现有一个学生有反复洗手的行为。当时正值甲肝流行，该生的行为是适应卫生要求的正常行为，还是属于心理不健康的强迫行为，只有反复观察才能得到符合客观事实的结论。经过两个阶段（正处甲肝流行阶段和甲肝流行得到了控制以后）的反复观察，研究者发现该生在每次开关教室门、收交作业本（他是课代表）、使用公共用具、与同学进行手接触后，都带着紧张的心理去洗手，并且一洗再洗，两个阶段的观察结果无区别。由此，可确认该生反复洗手的属强迫行为。通过与该生的交谈，研究者了解到他确实有“明知不必反复洗手，却难以摆脱不反复洗手就有一双肮脏的手”的心理重压。

（三）观察的全面性原则

只有全面观察事物才能克服观察的片面性，如实把握客观事物的全貌，进而透过事物现象把握事物的本质。要求做到如下几点：

1. 对研究对象进行周密的、全面的观察和分析，把握客观事物的各种因素、各种关系和各种规定。

2. 注意观察的系统性、连续性、完整性，不能随意间断。

3. 尽可能详细地记录观察资料，避免事后因没有确切记录而影响整体研究。

（四）观察的主动性原则

教育观察法是由观察者设计与实施的。观察者的主观能动性是观察研究成败的决定性因素。观察者的主观能动性不仅表现在观察的设计或准备中，而且表现在整个观察过程中。观察者应是观察活动的积极组织者，要坚持在科学理论的指导下，主动积极地收集可靠的事实材料，科学解释观察结果，提炼出科学的观察结论。

【参考案例】

小学英语课堂设问的有效性研究

——基于On the farm的课堂观察报告

一、研究背景

略

二、概念解读

略

三、观察准备

（一）教学活动设计

本研究以一位小学英语教师执教的译林版英语三年级下册Unit 6 On the farm单元复习课为例。复习课教学既要基于教材又要高于教材，因而本课教学目标不能仅仅定位于引导学生理解与运用所学的字、词、句上，还要注重促进学生有效迁移单元涉及的语言知识。为此，课题组提出两个问题：（1）关于“农场”，教师应该引导学生聚焦什么内容？（2）教师应以什么为抓手促使学生实现从能力到素养的转化？课题组深入研讨，最终确定了本课的教学目标：（1）掌握本单元字、词、句，并能迁移应用；（2）了解农场的相关知识（比如“农场上有什么？”）；（3）知道如何做一名文明的参观者。

在教学目标的指引下，教师以“设计一个理想的农场”的大任务为抓手，组织教学活动，引导学生复现、运用、迁移已储备的知识与技能。为完成这一任务，学生需要用到“What’s this/that?”“What are these/those?”以及“Is this/that...?”“Are these/those...?”等句型。在完成大任务的过程中，学生学会与同伴合作交流，体验合作学习带来的快乐，从而有效训练言语表达能力，提升学科核心素养。

（二）观察方法设计

课前，课题组成员对教师课堂提问的分类达成共识，确定研究主题，制订观察量表。根据基于问题指向的学生认识过程以及对教学文本的依赖程度，课题组先把教师课堂提问分为以教育目标分类学为基础的六大类问题以及展示性问题和参考性问题。这两种分类法具有一定的普遍性，且两者之间存在逻辑关联。然后，课题组确定了观察主题为“提高设问技巧，促进深层表达”，并研制了“小学英语课堂有效提问的观察量表”（见表1）。

表1　小学英语课堂有效提问的观察量表

执教老师：　课题：

教学内容类型：□对话　□阅读

观察者：　观察时间：

序号	问题详情	指向目标						问题类别		回答方式	
		回记	理解	应用	分析	评价	创造	展示性问题	参考性问题	指名	自发
1											
2											

续表

序号	问题详情	指向目标						问题类别		回答方式	
		回记	理解	应用	分析	评价	创造	展示性问题	参考性问题	指名	自发
3											
4											
5											
6											
7											
8											
9											
10											
11											
12											

课中，课题组 10 名成员各自记录授课教师在课堂上提出的所有问题和学生的回答方式。为保证数据的客观性，课题组成员在取得教师的同意后对课堂活动进行全程录音。

课后，课题组成员与授课教师集中研讨。每名成员汇报自己所记录的情况。当出现不同意见时，课题组播放课堂录音或向授课教师问询，以便在问题的数量与类别判定上达成共识。

四、结果与讨论

（一）教师提问的数量和类型

根据课题组的观察、统计和确认，授课教师在本节复习课中一共提问了 22 个问题。

从学生的认知过程分类来看，这 22 个问题中有 10 个回忆性问题、2 个理解性问题，1 个分析性问题，1 个创造性问题，以及 8 个其他类问题。其他类问题主要涉及课堂环节的衔接性问题，可以看出所占比例较高，主要有“Can you sing the song together? OK, now let’s sing it together.”

“Can you change the word pig into duck? ”等问题。

从展示性问题和参考性问题的角度分类，本节课有12个展示性问题，占比为55%；2个参考性问题，占比为9%；8个其他类问题，占比为36%。

在占比最多的展示性问题中，90% 左右的问题是学生根据教师提供的图片进行回答。比如，教师指着苹果树上的苹果问“What are these? ”或是指着鸭子问“Are these chickens? ”属于典型的“明知故问型”问题。

在两个参考性问题中，一个问题是“What can you see on the farm? ”目标指向问题的分析与推断，答案不唯一。学生借助已有知识经验进行推测，比如一个学生这样回答：

师：What can you see on the farm?

生：I can see some frogs on the farm.

师：Oh，really?

生：Yes. They eat pests.

另一个参考性问题“What’s your ideal farm? ”指向大任务的完成。学生对理想农场评判标准的差异催生出个性化的思考。在回答该问题的过程中，学生思维活跃、积极参与。这类能够激发学生思考以及参与兴趣的问题也属于创造性问题。

（二）学生回答的形式与效果

课堂上，问题的回答形式包括教师指定回答、集体回答、学生自愿回答以及教师自问自答等。

根据课题组的统计，本节课中各种回答形式的数量及占比如表2所示。可以看出，面对教师的提问，学生的回答主观意愿较强，回答质量较高。

表 2　学生回答形式

提问次数	指定回答	自愿回答	集体回答	自问自答
22	0	14（63%）	8（37%）	0

指定回答指在没有学生自愿回答的情况下由教师指明某个学生回答。自

问自答的形式主要用于当提出的问题无人能回答时，教师进行必要的帮助，及时缓解课堂冷场。在本次观察中，没有出现以上两类回答形式。这说明，教师能够意识到课堂上学生被动回答问题不利于培养其学习主动性。

本节课中，有14个问题由学生自愿回答，占比为63%。可以看出，学生积极参与课堂活动，课堂气氛好。教师从学生实际出发，设计的问题没有超出学生的能力范围，学生能够轻松作答。

本节课另有8个其他类问题通过集体形式回答，占比为 37%。集体回答在一定程度上能够调动全班学生的积极性，但是集体回答不利于教师发现问题，学生在回答中会有“滥竽充数”的现象。

五、问题与建议

略

资料来源：赵志英.《外语教学》，2021 年 3 月。有删减

◆ 小学教师资格证考试历年真题 ◆

1. 在教育研究中，透过单向玻璃进行的隐蔽性观摩属于（　　）。

A. 显性观察　　B. 参与性观察　　C. 隐性观察　　D. 非参与性观察

解析：本题考查对教育科学研究方法的理解和识记情况。教育科学研究方法按观察者是否直接参与被观察者所从事的活动可以分为参与性观察和非参与性观察。非参与性观察法是指研究者以“旁观者”的身份，采取公开的或秘密的方式进行的观察。它不要求研究人员站到与被观察对象相同的地位上，其结论通常比较客观。但非参与性观察易表面化，不易获得深层次的材料。题干中观察者是透过单向玻璃进行的观察，并没有参与到被观察者的活动中去，因此属于非参与性观察。故D项正确。

A项：显性观察要求观察者事先要向被观察者说明自己的身份以及要求被观察者要执行的任务，被观察者知道研究者在对自己进行观察和研究。与题干不符，排除。

B项：参与性观察法是指观察者直接参与到所观察对象的群体和活动当中去，不暴露自己的真实身份，在参与活动的过程中进行隐蔽的研究观察。其优点是不破坏和影响观察对象的原有结构和内部关系，因而能够获得关于结构和关系较深层的材料。但由于研究者主观因素的影响，处理不当易影响观察的客观性。与题干不符，排除。

C项：隐性观察是在被观察者不知情的情况下进行的观察，被观察的个体或群体不知道研究者的真实身份，不知道自己在作为观察的对象被观察。与题干不符，排除。

故正确答案为D。

2. 有目的、有计划地对事物或现象进行感知获取资料的研究方法是（　　）。

A. 历史法　　B. 问卷法　　C. 观察法　　D. 文献法

解析：本题考查对各种研究方法的识记情况。观察法是指在教育过程中，研究者通过感官或借助于一定的科学仪器，有目的、有计划地考察和描述个体某种心理活动的表现或行为变化，从而收集相关资料的研究方法。C项正确。

A项：历史法，即历史研究法，是以系统方式收集、整理教育现象发生、发展和演变的史料，诠释理解史料及事件关系的方法。与题干不符，排除。

B项：问卷法是通过由一系列问题构成的调查表收集资料以测量人的行为和态度的研究方法。与题干不符，排除。

D项：文献法是通过搜集和分析研究各种现存的有关文献资料，从中选取信息，以达到某种调查研究目的的方法。与题干不符，排除。

故正确答案为C。

3. 将观察法分为系统观察和非系统观察的依据是（　　）。

A. 观察条件是否人为控制　　B. 观察活动是否系统

C. 观察者是否直接介入活动　　D. 观察内容是否有设计并有结构

解析：本题考查观察法的分类。教育观察法是研究者在自然条件下，通过感官或借助于一定的科学仪器，有目的、有计划地对研究对象进行系统考察，从而获取经验事实的研究方法。从观察者的参与程度划分，观察法可以分为参与性观察和非参与性观察；根据观察内容是否有设计并有结构，观察法可以分为结构式观察与非结构式观察；依据观察的系统性和规律性，观察法又可以分为系统性观察与非系统性观察。B项正确。

A项：根据观察条件是否人为控制，观察法可以分为自然情境中的观察和实验室中的观察。与题干不符，排除。

C项：根据观察者是否直接介入活动，观察法可以分为参与性观察与非参与性观察。与题干不符，排除。

D项：根据观察内容是否有设计并有结构，观察法可以分为结构式观察与非结构式观察。与题干不符，排除。

故正确答案为B。

4. 简述教育观察法的基本步骤。

解析：教育观察法的实施步骤可以分为：

（1）制订观察计划与观察提纲；

（2）准备观察工具；

（3）确定观察途径；

（4）实施观察并记录；

（5）观察资料的整理与分析。

第六章　教育调查法

【学习目标】

1. 了解访谈法的含义、特点、类型。

2. 了解问卷法的含义、特点、类型。

3. 掌握访谈法的实施步骤。

4. 掌握问卷法的设计与实施步骤。

没有调查就没有发言权。调查，才能深入了解教育实际情况。收集资料、了解情况等都是调查。教育调查法是小学教育科学研究中常用的一种重要的研究方法。总的来说，教育调查法就是研究者采用一定的方法，按照一定的程序，有计划、有目的地收集所要研究对象的相关资料，并通过对所收集资料的整理、分析，了解实际情况，从而揭示教育规律，提出解决问题方案的一种研究方法。

常用的教育调查法有访谈法、问卷法、调查表法。

第一节　访谈法

一、概念及特点

（一）概念

访谈法是研究性的交谈，指两人或两人以上（一般不超过8人）有目的地谈话，其中访谈者一方通过引导被访谈者一方，进行语言资料收集，从而了解研究对象现实状况的一种方法。或者说，访谈法是以谈话为主要方式来了解某人某事、某种行为或态度的一种调查方法。

（二）特点

访谈法具有灵活、范围广、真实有效的优点。其不足之处是费用多，时间长，调查结果的可靠性受调查者的能力、水平、态度、访问技巧等主观因素的影响，不能给调查对象提供足够的时间使其深入思考。

1. 优点

（1）访谈法主要通过与被访谈者对话获取资料，虽然对被访谈者的观察也很有用处，但毕竟不是主要的；

（2）使用访谈法作研究，其质量取决于研究者的综合研究能力，其中研究者个人的交往能力和语言表达能力有特殊的重要性；

（3）使用访谈法作研究存在着研究者与被访谈者的互动问题，如果研究者个人有足够的能力和经验，可以激发被访谈者的积极性和智慧，从而获得理想的资料；

（4）访谈法对被访谈者的过去、当下和将来都可以做调查；

（5）访谈法可以用来对被访谈者作多次追踪式的调查（这种情况称为追踪访谈）；

（6）访谈中可以视情况与被访谈者深入乃至多次地探讨问题（这种情况称为深度访谈）。

2. 缺点

（1）无论研究者还是助手都要与被访谈者见面，因此相对费力、费钱，样本数量受到一定限制；

（2）取得被访谈者的支持和接待不是很容易；

（3）研究者与被访谈者有相互作用现象，因此调查资料可能会有主观偏差；

（4）对语言理解和运用的不同会造成调查资料偏差。

二、类型

（一）结构性访谈与非结构性访谈

1. 结构性访谈

是由访谈者按照事先设计好的访谈问卷或提纲依次向访谈对象提问，并要求访谈对象按规定标准进行回答的一种调查方法。这种方法的显著特点就是访谈问卷或访谈提纲的标准化。

2. 非结构性访谈

指事先不设计完整的访谈问卷及详细的访谈提纲，也不规定标准的访谈程序，而是由访问者与被访者就某些问题自由交谈，被访者可随时提出自己的意见，而不管访谈者想得到什么样的答案的一种访谈调查方法。这种方法虽然也有调查讨论的主题，但访谈者并没有要求所有的访谈对象按统一格式和标准的程序作答。它可能获得一些研究者未曾料到的信息，但不适于对理论或假设的检验。

（二）个别访谈与集体访谈

1. 个别访谈

是指由访谈者对每一个访谈对象逐一进行的单独访谈的一种调查方法。其显著特点是：

（1）访谈者与访谈对象之间易于沟通；

（2）方式灵活，适应性强；

（3）资料真实、细致全面。

个别访谈多用于一些规模小及一些敏感性问题的调研，也常用于一些个案的研究之中。个别访谈是访谈调查中最常见的形式。

2. 集体访谈

是指由一名或数名访谈者亲自召集一些访谈对象就调查者需要调查了解的主题征求意见的一种调查方法。国内称这种形式的访谈为“调查会”或“座谈会”。这种方式可以集思广益，互相启发，互相探讨，而且能在较短的时间里收集到较广泛和全面的信息，需要访谈者有较熟练的访谈能力和组织会议的能力。

（三）一次性访谈与重复性访谈

1. 一次性访谈

也称横向型访谈，是指对被调查者在某一生活时刻或某段时期内的思想、态度及行为等方面情况进行的一次性完成的访谈方法。

2. 重复性访谈

也称跟踪访谈或纵向型访谈，是指不是一次完成而是要经过多次访谈才能完成的调查方法。

三、访谈法的实施步骤

（一）准备阶段

进行访谈，首先要做好准备，包括制订访谈计划、编制访谈问卷或提纲、选择访谈对象、访谈前的预约等内容。要注意的是所设计的问题要紧紧围绕研究的目标展开，应将研究的总目标分解成若干个具体的子目标，再根据这些子目标设计出相应的具体问题；问题的语言要通俗易懂，让不同职业、具备不同文化背景的人能够理解无误，为获得可靠的资料奠定基础。

（二）访谈阶段

带齐访谈工具，包括所要访问的基本问题的文字说明，记录用的纸、笔、录音机、照相机和摄影机等。访谈中要尽快接近被访者，与被访谈者建立融洽的访谈气氛，按计划进行，并认真做好访谈记录。记录时要权衡轻重，不要为了详细记录而忘了要点，要点比细节更重要。其他细节可等访谈结束后再进行整理，这样的资料可用性高。同时，对于观察到的表情、动作等非语言表达方式也要记录下来。要善于洞察被访者的心理变化。访谈者要机智，善于随机应变。要严格遵守保密性原则，对于被访者的顾虑，可通过对交谈内容保密的承诺来消除。

（三）结束阶段

首先要掌握访谈时间。研究表明，一般情况下，被访者保持注意力的时间为：电话访谈20分钟左右，结构性访谈45分钟左右，集体访谈和非结构性访谈不要超过2小时以上。其次要观察被访谈者的行为。如果被访者说话的音调降低和节奏变慢，或者不停地看时间，或已超过事先约定的时间，或者感到交谈难以进行、话不投机，这时应该考虑尽快结束访谈。此外，在访谈调查结束时，要向被访者表示感谢，如“您今天的谈话对我们调查帮助很大，”“谢谢您对我们访谈调查的支持”。如果这次访谈尚未完成任务，还需进一步调查的话，那么应该与被访者约定下次再访的时间和地点，最好还能简要说明再次访谈的主要内容，让被访者有个思想准备。访谈后，要对资料进行分析整理，得出研究结论，撰写研究报告。

四、访谈调查应注意的问题

（一）建立融洽的关系

访谈时，要努力营造亲切友好的谈话气氛，打破陌生人之间的隔阂。访谈双方见面时，作为访谈的主动一方，应亲切称呼受访者，并作自我介绍，做到不亢不卑，使对方感到你的来访是善意的。尽可能自然地、结合受访者当时的状态开始访谈，如初见面时，可以先谈谈被访者的学习、生活等比较熟悉的问题，再进入实质性问题。

（二）提问要通俗

访问时，访谈者的提问要做到言简意切，通俗易懂，尽量用口头语言简单扼要地提出问题，少用名词术语，避免对方因听得不明白而发生误解。对回答不作任何评价，只做些中性的反应，如“我明白您的意思了”“请继续说”等，以鼓励对方把话说下去。

（三）诱导深入

访谈者要善于把握方向与主题，使谈话始终围绕访谈的目的进行，避免脱离主题的漫谈。此外，还要围绕被访者的年龄及心理特点巧妙提问，以获取他们的真实态度和想法。对于涉及访谈对象个人隐私的问题或其他敏感性问题，调查者尽可能回避不问。

（四）耐心倾听

对被调查者的回答，要以积极的态度耐心倾听，避免轻视访谈对象的回答或随意打断他的回答，让被访者畅所欲言，而不给出自己的评价。适时的情况下可采用追问艺术。

访谈中的倾听包括三个层面：

1. 态度层面

访谈者应该积极而关切地倾听，避免表面地、消极地听。

2. 情感层面

访谈者要有感情地听和共情地听，但不要被感情左右，共情而冷静，要避免无感情地倾听。

3. 认知层面

访谈者要认真倾听，随时将被采访者所发出的信息与自己的认知结构发生关系，迅速加以理解和同化，还要与对方进行同频而有效的交流。

【参考案例】

山东省软科学项目《山东省“全时期”职业生涯教育研究》访谈提纲

1. 您是怎样理解生涯教育的？

2. 您的学校在哪些教育活动中进行过社会职业介绍？具体是怎样进行的？

3.（小学）综合实践活动的实施情况是怎样的？

4. 您认为在（中）小学是否有必要开展生涯教育？为什么？

5. 您的学校有没有专职职业生涯规划指导师？具体是如何开展工作的？

6. 您认为在（大、中）小学实施生涯教育主要有哪些渠道和方法？

7. 您认为职业规划要求的“专”会不会和学生的全面发展相冲突？为什么？

8. 您认为在中学做职业规划会不会限制学生的个性发展？

9. 您认为（大、中）小学职业教育的目标应如何定位？

10. 您的学校在开展生涯教育的过程中遇到的问题主要有哪些？

第二节　问卷法

一、概念及特点

（一）概念

问卷是一份精心设计的问题表格，用以测量人们的社会特征、行为和态度等。依据填答或使用的不同，问卷可分为访问问卷和自填问卷。

问卷法是研究者把研究课题设计成若干具体问题，按一定原则排列，编成书面试卷，交给被调查者进行书面回答。或者通过书面的形式，以严格设计的测量项目或问题，向研究对象搜集研究资料和获取研究数据，从而进行研究的一种方法。

（二）特点

1. 优点

（1）方便实用，省时，花费少；

（2）标准化程度高；

（3）由于可以不署名，结论比较客观；

（4）能收集大样本的信息资料，收效大；

（5）便于整理和进行统计处理。

2. 缺点

（1）问卷设计不规范，问题不明确或题量过大，或被调查者不合作，都会影响结论；

（2）收集的资料表面化，不易了解深层次的内心世界；

（3）难以控制被调查者；

（4）问卷程序一旦启动，调查者难以根据实际情况调整问卷，致使调查者的主观能动性难以发挥。

二、问卷的类型

（一）封闭式问卷

封闭式问卷又称结构式问卷，是提供给所有被测者同样的题目，其回答有一定结构限制的问卷类型。这是一般的、最基本的提问方式，适用于大范围一般性的问题调查。封闭式调查问卷的优点是便于统计，缺点是有时答案可能包括不全。因此，使用封闭式调查问卷时，必须要把答案给全。如：

1. 是否式

您是独生子女吗？

（　　）是　（　　）否

2. 选择式

您读的是哪一种高中？

（　　）公办　（　　）私立

3. 排列式

将下列学科教学按您的满意程度排列，最满意为1，最不满意为4。

语文——（　　）

数学——（　　）

外语——（　　）

计算机——（　　）

4. 矩阵式

您对学校教学设备的态度是

	满意	一般	不满意
图书	（　　）	（　　）	（　　）
实验设施	（　　）	（　　）	（　　）
网络教学设备	（　　）	（　　）	（　　）
教学场所	（　　）	（　　）	（　　）

（二）开放式问卷

所谓开放式调查问卷，是指对问题不提供任何具体的答案，而是由被调查人自由回答的调查问卷。开放式问卷能够给答卷者一个自由回答的空间，使得一些在回答结构型题目时没有出现的情感和信息暴露出来，研究者能够得到比较符合被调查者实际的答案。但因答卷者的自由度较大，导致答卷者的回答时间长短和内容不一，使调查结果难以列表、统计，因此比较适用于小范围的深入调查。如：

1. 您参加了这些公开课活动后，最大的收获是什么？

2. 六一儿童节，您给孩子们推荐什么样的书籍？

3. 您认为小学应该怎样开展劳动教育？

（三）半开放式问卷

所谓半开放式问卷，是指给出部分答案（通常是主要的），而将未给出的答案或用其他一栏表示，或留以空格，由被调查者自行填写。也就是说，题目中的答案有一部分是封闭式的，一般放在开放题目的前面，另一部分是开放式的，放在题目的后面，这样可以取长补短，有利于深刻把握问题的实质。

如：新冠疫情结束后的第一个春节您去旅游了吗？请您写出去过的旅游景点。

三、问卷法的实施步骤

（一）问卷的编制

问卷设计的规范性与科学性是问卷调查法成功的关键。

一份完整的问卷，通常应包括封面信、标题、指导语、题目的设计、结束语这几部分。一般来说，我们只使用标题、指导语、题目的设计（封闭式问卷的题目包括问题和答案两部分，开放式问卷的题目只有所要调查的问题）这几部分。下面我们对这几部分分别进行介绍。

1. 拟定标题

标题是问卷主题的概括。每份问卷都应有简明扼要的标题来反映主题。标题不宜太长，要能反映出调查对象和内容，并以陈述句的形式表达出来。例如，《小学教师对人工智能的态度的问卷调查》《小学生从事家务劳动的问卷调查》。

2. 撰写指导语

指导语具体应包括以下内容：第一，调查目的和价值以及被调查者作答的重要性。第二，填写说明，这一部分可以避免因调查者不明确回答方式而影响了调查结果。第三，研究人员向被调查者保证，对他的所有回答都是保密的，并表示感谢以解除被调查者的顾虑，使调查结果更加客观、真实。第四，在指导语的末尾签上调查者的姓名，这既显示了调查者的诚意，又能有效地提高回收率。例如下面的《小学生安全意识的调查问卷》指导语

同学们：

你们好。为了了解同学们对安全知识与安全隐患的掌握情况，更好地帮助学校进行安全教育，我们编拟了这份调查问卷，请实事求是地作答，答卷无需署名。填写的方法是：根据题目的要求，在每一个选择题的所有选项中选择其中一个打“√”。请在明天放学之前填好并交班主任处。

感谢你们的配合。

四年级综合实践活动安全小组

3. 设计题目

题目是问卷的核心部分，题目设计得如何决定着调查研究的效果。

题目的设计包括问题的设计和答案的设计两个方面。

（1）问题的设计

A. 问题设计的基本原则：

① 将为调查对象着想作为问卷设计的出发点。

② 保证问卷的适当性。如研究目的的充分性，问题对于调查目标的适宜性，问题对调查对象的适当性等。

③ 对于阻碍问卷调查的因素有明确的认识。阻碍问卷调查的因素包括主观障碍（如：畏难情绪、顾虑重重、漫不经心、毫无兴趣）和客观障碍（如：阅读能力的限制、理解能力的限制、表达能力的限制、记忆能力的限制、计算能力的限制）。

B. 问题设计时的注意事项：

问题的设计包括问题的内容、数量、提问的方式等。如不仔细注重每一个细节，问题就不可能很好地为研究者提供必要的数据。因此，必须考虑以下因素：

① 反映被调查者的性别、班级等基本情况的内容可直接填写，不必以问题的形式出现。

② 除了少数几个了解被调查者背景或统计信息的题目外，其余问题均要与研究问题密切相关。

③ 问题表述要清楚、明确、不含糊，不宜太长、太难。为防止产生歧义，应避免使用多重否定、多重含义的短语，避免使用专门性的术语、行话等。如“你认为目前教师的待遇够好吗？”“待遇”和“够好”语意都不清。“你认为小学生没有不愿意老师布置作业是吗？”这是双重否定句，不如改为“你认为小学生愿意老师布置作业吗？”

④ 避免“社会认可效应”。所谓的社会认可效应是指被调查者按照社会规范、社会期待的反应进行回答，而不表达自己的真实观点。问题不能带有明显的导向性，不能暗示某种带有偏向性的回答。如“你放学回家是否立即做作业？”结果大部分学生会倾向于“是”的一面。因为通常来说，放学回家立即做作业是好学生的一种表现，因此这个问题就等于暗示学生这样回答。

⑤ 尽量避免那些可能使调查对象产生心理顾虑或带来社会职业压力的

问题，更要避免问题刺激被调查者，以免伤害他们的感情，使他们受窘或引起抵触情绪。

⑥ 所提问题要与答卷人的信息背景相适应，对不同的对象，提问内容和方式都应有所区别。因此，家长问卷、教师问卷、儿童问卷是不同的。

⑦ 避免不受欢迎或涉及隐私的问题。如问“你有没有作过弊？”想必有不少学生不会说真话。

C. 提问的方式：

问题的提出一般有三种方式：直接提问、间接提问和假设性提问。

① 直接提问

对于问卷中属于个人基本特征的项目和估计答卷者能够直接回答的问题都可采用直接提问。

② 间接提问

对于一些容易引起答卷者思想顾虑的、不敢或不愿直接表述自己真实想法的问题，则可采用间接提问的方式。

③ 假设性提问

假设某种情景或假设他人对某事有某种看法，而要求答卷者说出对他人这一看法的态度或评价。

（2）答案的设计

问题类型不同，答案的设计也不同。在一般的调查问卷中，大量使用的是结构型的题目，这一类题目的答案包括以下形式：

① 正误型答案

要求答卷者在问题后的括号或方框内填上“+”“-”或“√”，或“是”“否”，表示肯定或否定。这种设计通常出现在对小学生进行心理测量的调查中。

② 选择型答案

研究者将所有备选答案一一列出，要求被调查者选择其中一种或几种。设计这种答案时，要求研究者能穷尽所有可能的回答。

③ 编序型答案

要求被调查者将研究者设计的答案按自己的认识排序。如对某一活动感兴趣、较感兴趣、一般、较不感兴趣、不感兴趣。态度类答案的数量一般是单数，中间要有个中立的态度。

4. 编排问题

问卷是用来测量被调查者的反映的，对于不同的题目顺序被调查者会产生不同的反应。问题、答案均已设计完毕后，一套优秀的问卷还需对题目进行编排。一般说来，编排问题要做到：

（1）同类组合

将性质相同的题目编排在一起，既便于被调查者回答，又便于研究者进行统计分析。

（2）由浅入深

反映答卷者基本情况的以及一些较简单的、容易回答的、比较熟悉的题目放前面，而较复杂的、比较生疏的、特殊的或专门安排的题目放在问卷靠后的位置。

（3）由大到小

把概括性、背景性的题目排在前面，把涉及具体细节的题目放在后面。

（4）由一般到特殊

把被调查者感兴趣的或愿意回答的题目放在前面，把容易引起被调查者情绪反应的题目放在后面。

（5）由事实到态度

把受调查者依据客观事实直接回答的题目放在前面，而把受调查者需要经过思考才能回答的态度性题目放在后面。

（6）由结构型到开放型

在同一类问题中，开放型题目应出现在该类题目的最后，绝对不能以一组要求大段书写的开放型题目作为开头。

（7）避免拥挤

问卷的排列不能给人以拥挤的感觉，各种题目要尽量易于回答。题目要编号，题目和它的选择项应在同一页上，尽量使用长度相仿的答案，以使问卷更加清晰、美观、吸引人。

（二）问卷的试测

为保证问卷的科学性与可行性，调查者在问卷初步完成后，一般要选择小部分调查对象做尝试性调查，并对调查结果进行分析，分析时要以下三部分：

1. 操作性

受调查者是否愿意接受调查，是否理解问卷的指导语，能否按要求回答问题。

2. 科学性

所设计的问题是否科学、答案是否合理，所搜集到的信息能否达到调查目的。

3. 可统计性

问卷的编排是否易于整理与分析信息等等。一般情况下，问卷题目不宜过多，以30分钟答完为宜。多数情况下，10分钟答完的问卷最理想。如果超过了这个时间限度，答题者会感到厌倦、不耐烦，影响结果的准确性。

（三）问卷的修订

在试用的基础上，对问卷的内容进行修改、补充、完善，以便正式进行问卷调查。

（四）问卷的发放

1. 为体现对被调查者的尊重，调查研究前要先进行预约，可通过电话或书信与被调查者联系确定调查时间。为保证调查效果，要尽量选择答卷者工作不紧张的时间。如，调查教师学生应选择寒暑假进行，避开学期初和学期末等忙碌时间。

2. 调查者在寄发问卷或发放问卷时要向被调查者说明调查的性质、目的和宗旨，以消除被调查者的心理顾虑，使调查保持融洽的气氛，从而保证调查的顺利实施。如果是寄发调查问卷，要附上一个写明回信地址、贴好邮票的信封，并写明寄回问卷的截止时间。

（五）问卷的回收以及回收率

回收问卷时，如发现没有按时寄回的，可发一封简短而有礼貌的信催收。如果还未寄回，可再发一封催促信，并附上一份因“恐有遗失”而补寄的问卷，请被调查者再做一份，以提高问卷的回收率。

在做实地分发问卷施测时，拒绝回答的大约占3%，回答不全的占2%~3%，统计不能用的废卷在5%左右。根据经验，如果控制得宜，还可低于这个数字，甚至达到100%的回收率和可利用率。邮寄问卷就没有这样高。用邮寄问卷的方式做学生或学生家庭的调查，结果似乎比一般情况好些。接受访问或拒绝访问的基本态度可能使该项调查结果产生很大的偏差，较高的回收率将会有效地降低样本的偏差。一般来说，问卷的回收率应在70%以上，如果少于70%应补救，可以再发问卷，再回收。

（六）注意事项

在作调查结果的解释时需特别慎重，应避免两种倾向：

1. 将样本结论不恰当地推广到任意总体上去。

2. 将相关关系等同于因果关系。要分析这些结果是否验证了某些假设，如果没有验证研究假设，要仔细找出存在的问题，还可以提出新的研究假设或命题。当然这需要研究者具备一定的教育学、心理学的理论知识。

扩展知识：

目前，邮寄问卷的方式使用得越来越少，网络问卷比邮寄问卷具备更方便、快捷、经济的问卷设计与发放方式。更多内容可自行学习，本书不再赘述。

【参考案例】

请对以下问卷进行修改，并说明你的修改理由。

图书馆读者满意度调查问卷

为了全面了解我校图书馆资源利用和读者满意度的情况，及时向学校反映事实，以进一步提升图书馆的服务水平和质量，我们特组织这次问卷调查，希望能够得到您的支持和协助。

本次调查严格按照《中华人民共和国统计法》的要求进行，不填写姓名，所有回答只用于统计分析。您只需根据自己的实际情况，在每个问题所给出的几个答案中选择一个合适的答案打勾，或者在______中填写。您的回答将代表众多和您一样的老师或学子，并将对改善我校图书馆的服务水平和质量提供帮助。

衷心感谢您的支持和协助！

1. 您的性别：____________

2. 所在学院：____________

3. 就读年级：____________

4. 您到图书馆的频率：____________

① 经常　② 偶尔　③ 极少　④ 没去过

5. 您到图书馆的主要目的是：____________

① 借阅书刊　② 阅览　③ 自习　④ 上网　⑤ 以上都有　⑥ 其他

6. 影响您利用图书馆的因素是：____________

① 获取文献不方便　② 没有所需文献　③ 自己没时间　④ 自习没座位　⑤ 图书馆馆员服务态度不好

7. 图书馆馆藏文献您利用过的有（可多选）：_________

① 图书　② 报刊　③ 电子资源　④ 期刊　⑤ 工具书　⑥ 核心期刊

8. 您经常阅读的报纸类型是：____________

① 专业性 ② 时事政治 ③ 娱乐性 ④ 综合性 ⑤ 其他

9. 您经常阅览的期刊类型是：____________

① 学术性 ② 专业性 ③ 知识拓展 ④ 考试辅导 ⑤ 娱乐性 ⑥ 综合性 ⑦ 其他

10. 您经常会借阅哪一种图书：____________

① 生物工程 ② 自动化 ③ 环境科学 ④ 机械工程 ⑤ 计算机、网络 ⑥ 经济学 ⑦ 社会学 ⑧ 文学、传记 ⑨ 艺术 ⑩ 外语 ⑪ 娱乐 ⑫ 其他

11. 您认为阅览室的书刊应在哪些方面更加丰富：____________

① 学术专著 ② 教学参考书 ③ 学习指导书 ④ 考试用书 ⑤ 知识拓展类图书 ⑥ 娱乐性图书 ⑦ 其他

12. 您认为图书馆订购的期刊和学校的教学、科研以及学生的学习结合是否紧密：____________

① 紧密 ② 比较紧密 ③ 不太紧密 ④ 不紧密

13. 您认为在图书馆借不到想借的图书的原因是：____________

① 图书馆没有收藏 ② 目录中有书，架上无书 ③ 不知道如何查找 ④ 其他

14. 您对目前图书馆所藏的纸质文献满意度：____________

① 非常满意 ② 基本满意 ③ 不满意 ④ 从未使用

15. 您浏览过我校图书馆主页吗？____________

① 经常浏览 ② 偶尔浏览 ③ 从来不浏览 ④ 不知道图书馆有网站

16. 您认为通过图书馆主页查找文献信息：____________

① 容易 ② 比较容易 ③ 一般 ④ 不好查找

17. 您经常使用图书馆的哪些数字资源？（可多选）____________

① 万方数据系统 ② 从不使用，不知道有哪些 ③ 其他

18. 影响您对图书馆门户提供的电子资源利用的主要原因是（可多选）：＿＿＿＿＿＿

① 校外访问权限问题　② 网络速度太慢　③ 没有需要的信息　④ 缺少检索技能　⑤ 使用习惯问题　⑥ 不了解数字资源　⑦ 没有计算机　⑧ 其他

19. 使用图书馆资源遇到问题时您希望（可多选）：＿＿＿＿＿＿

① 电话咨询　② QQ咨询　③ 到馆内咨询　④ 看使用帮助　⑤咨询馆员

20. 您希望今后图书馆增加哪些数字资源服务？（可多选）＿＿＿＿＿＿

① 电子教学参考书　② 网上免费资源　③ 在线参考资料　④ 网络教学课件　⑤ 学科知识库　⑥ 图书推荐系统

21. 您对图书馆工作人员的服务态度是否满意？＿＿＿＿＿＿

① 非常满意　② 比较满意　③ 基本满意　④ 不满意

22. 您对阅览室设施保洁情况满意度：＿＿＿＿＿＿

① 非常满意　② 比较满意　③ 基本满意　④ 不满意

23. 您对阅览室灯光照明情况满意度：＿＿＿＿＿＿

① 非常满意　② 比较满意　③ 基本满意　④ 不满意

24. 您对阅览室通风换气情况满意度：＿＿＿＿＿＿

① 非常满意　② 比较满意　③ 基本满意　④ 不满意

25. 您对阅览室指引标示情况满意度：＿＿＿＿＿＿

① 非常满意　② 比较满意　③ 基本满意　④ 不满意

26. 您对阅览室安静无声情况满意度：＿＿＿＿＿＿

① 非常满意　② 比较满意　③ 基本满意　④ 不满意

27. 您对借书时目录检索情况满意度：＿＿＿＿＿＿

① 非常满意　② 比较满意　③ 基本满意　④ 不满意

28. 您对借书时借阅手续满意度：＿＿＿＿＿＿

① 非常满意　② 比较满意　③ 基本满意　④ 不满意

29. 您对借书时借阅效率满意度：＿＿＿＿＿＿

① 非常满意　② 比较满意　③ 基本满意　④ 不满意

30. 您对借书时服务态度满意度：__________

① 非常满意 ② 比较满意 ③ 基本满意 ④ 不满意

31. 当您有任何问题咨询图书馆馆员时，您对馆员的答复：__________

① 非常满意 ② 比较满意 ③ 基本满意 ④ 不满意

32. 您认为图书馆馆员应提高哪方面的能力（可多选）：__________

① 专业知识技能 ② 与人沟通能力 ③ 端正服务态度 ④ 其他

33. 您对图书馆提供的数字资源的使用及评价：__________

① 非常满意 ② 比较满意 ③ 不满意 ④ 不了解、从未使用

34. 您对图书馆提供的各种咨询服务的使用及评价：__________

① 非常满意 ② 比较满意 ③ 不满意 ④ 不了解、从未使用

35. 图书馆开展寄售服务您认为：__________

① 非常好 ② 较好 ③ 不好，没必要 ④ 不知道有这个服务

37. 您对图书馆还有哪些建议和意见？欢迎提出！

____

____

____

____

____

我们的调查结束了，再次向您表示感谢！

◆ 小学教师资格证考试历年真题 ◆

1. 在教育研究中，访谈法与问卷法相比（　　）。

A. 更具客观性　　　　　　　　B. 更利于做大样本研究

C. 更易对数据进行编码处理　　D. 更利于对问题进行深层次研究

解析： 本题考查的是教育研究方法。

教育调查法是指研究者通过访谈、问卷等方式，有目的、有计划地收集研究对象的有关资料，对取得的第一手资料进行整理和分析，从而揭示事物的本质和规律，提出解决实际问题的方案的研究方法。其中，访谈法，指研究者通过与研究对象进行面对面的交谈，以口头问答的形式搜集资料的一种调查研究方法。问卷调查法是指以书面提出问题的方式收集资料的一种研究方法。研究者将所要研究的问题编制成问题表格，以邮寄、当面作答或追踪访问等方式填答，从而了解研究对象对某一现象或问题的看法和意见。访谈法非常容易和方便可行，引导深入交谈可获得可靠有效的资料。但是调查对象范围太狭窄，信息量小，调查难度大，成本高，只能用于特殊情况。调查问卷可以在大范围内使用，方便快速地了解调查对象的想法和意见，主要依靠大量的调查以确保调查结果的准确性。优点是快速、成本低、信息量大、覆盖面广，缺点是只能获取大概信息。由此可知，访谈法与问卷法相比，访谈的深入性更好，问卷调查则主要侧重于信息量大，获得的是大概信息。因此，访谈法与问卷法相比更利于对问题进行深层次研究。D项正确。

A、B、C三项均为干扰项。与题干不符，排除。

故正确答案为D。

2. 在教育调查研究中，有效问卷的回收率一般不可低于（　　）。

A. 20%　　B. 40%　　C. 60%　　D. 80%

解析： 本题考查小学教育研究方法中的问卷回收。问卷回收是问卷调查的重要环节。如果回收的问卷太少，调查结果与实际情况相差就很大。研究结果就不科学。一般认为，回收率如果仅有30%左右，资料只能作参考；50%以上，可以采纳建议；当回收率达到70%以上时，方可作为研究结论的依据。因此，一般情况下，回收率不少于70%时，问卷调查的结果才会有意义。D项正确。

A、B、C三项 均为干扰项。与题干不符，排除。

故正确答案为D。

3. 简述访谈法的基本步骤

（1）准备阶段

进行访谈，首先要做好准备。包括制订访谈计划、编制访谈问卷或提纲、选择访谈对象、访谈前的预约等内容。

（2）访谈阶段

带齐访谈工具，包括所要访问的基本问题的文字说明，记录用的纸、笔、录音机、照相机和摄影机等。访谈中要尽快接近被访者，与被访谈者建立融洽的访谈气氛，按计划进行，并认真做好访谈记录。

（3）结束阶段

首先要掌握访谈时间；其次要观察被访谈者的行为；在访谈调查结束时，要向被访者表示感谢。访谈后，要对资料进行分析整理，得出研究结论，撰写研究报告。

4. 调查问卷的问题设计有哪些基本要求？

一份良好的调查问卷，其问题设计必须是符合研究目的和符合受测者实际情况的。问题设计的基本要求如下：

（1）正面肯定提问，不要用假设句，更不要用反问句或否定句；

（2）问题的内容要符合该课题研究目的和假设的需要；

（3）问题的数量要适度；

（4）问题的文字表述要准确，简明扼要，通俗易懂，容易回答；

（5）问题的排列顺序分类要清楚，层次要分明，前后一致、连贯且彼此适度，并尽可能在过程中分出等级；

（6）客观谨慎，不要用倾向性或引导性的口气进行提问，不宜问敏感刺激性问题；

（7）要注意问题的范围；

（8）要妥善处理与社会规范一致或冲突的问题，避免填答者出现社会认可效应。

第七章　教育叙事研究法

【学习目标】

1. 掌握教育叙事研究法的涵义，明确教育叙事研究法在小学教育科学研究中的重要地位。

2. 了解教育叙事研究法的方式、内容与类型。

3. 掌握教育叙事研究的一般过程，做到在实践中正确开展教育叙事研究。

第一节　教育叙事研究概述

一、教育叙事研究的内涵

（一）叙事

叙事就是叙述故事，是为了告诉某人发生什么事的一系列口头的、符号的或行为的序列，它源于人类种族经验延续的需要。党的二十大报告指出，要坚守中华文化立场，提炼展示中华文明的精神标识和文化精髓，加快构建中国话语和中国叙事体系，讲好中国故事、传播好中国声音，展现可信、可爱、可敬的中国形象。

叙事是人们自我教育的一种方式，是一种意义生成的承载工具和一个文化的表达模式，人们正是透过自己的叙事，建构存在于世界的一个版本。叙事在小说文学中有着悠久的历史，是文学的要素之一。它集中关注的是人类的经验，是探索人类经验现象的一条途径。目前叙事正在被广泛地引入到其他学科领域。

（二）叙事研究

又称“故事研究”，指的是任何使用或分析叙事材料的研究。它不仅仅体现为一种研究的方法，而且是人类体验世界的方式，更是一种思维方式。相对以往所谓科学化的研究而言，叙事研究尊重每个个体的生活意义，强调与人类经验的联系，主要通过有关经验的故事、口述、现场观察、日记、访谈、自传或传记甚至书信及文献分析等来逼近经验和实践本身，描述人们的行为以及作为群体和个体的生活方式。

（三）教育叙事研究

是以讲故事的方式表达对教育的理解和解释。它不直接定义教育是什么，也不直接规定教育应该怎么做，只是给读者讲一个或多个教育故事，让读者从故事中体验教育是什么或应该怎么做。

丁刚教授曾经对好的教育叙事给出过最高标准。他说：如果叙事可以达到这样的境界，即不仅在讲述某个人物的教育生活故事的过程中揭示了一系列复杂的教育场景与行为关系，而且“照亮”了某个人物在此教育场景中的“心灵颤动”，可以给读者一种精神震撼，那么这就是非常好的叙事了。

也有的学者提出，好的教育叙事的标准是：好的叙事=生动的故事+精彩的内心活动。具体可分解为：（1）事件真实；（2）描述的情境有意义，抒发独到的思考；（3）叙述清晰，细节描写生动，揭示人物的心理，细腻刻画冲突情节；（4）叙述的问题对他人有思考价值和启发意义。

可以看出，教育叙事研究是以叙事的方式开展的教育研究，是质的研究方法的具体运用。它通过对一些有意义的教育事件的描述，以叙事的方式反思自己的教学思想和教学行为，并改变自己的日常生活，发掘或揭示内隐于这些生活、事件、经验和行为背后的教育思想、教育理论和教育信

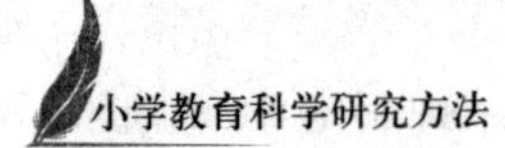

念，发现教育的本质、规律和价值意义，从而使教师在实践探索中所积累起来的丰富经验得到有效的理论总结和提升。这是引起教师实践变革，转变教学观念和教学行为的一种行动方式。

二、教育叙事研究的特点

（一）教育叙事研究所叙述的内容是描述和诠释社会经验现象

教育叙事研究要求教师做的研究就是“讲”教育故事，而不是引经据典地撰写教育论文。教师所叙述的事情是教师身上所发生的故事，是过去已经发生的教育事件，而不是未来发生的事情。它是真实的、情境性的，而不是教育者的主观想象。在教育叙事研究中，叙述者既是说故事的人，也是他们自己故事里或别人故事中的角色。这样，一方面通过叙事来尽可能地展现教育的真实，以便使教育研究与真实的教育经验形成内在的关联；另一方面提升叙事为教育经验，提供与一般思辨语言不同的生活语言，提供一种经验的理论方式，目的是寻找一种能够更好呈现乃至穿透经验的语言方式或理论方式。

（二）教育叙事研究所报告的内容具有一定的“情节性”

叙事应该有一个主题。教育叙事研究以教师的生活故事为研究对象，因此它是一种事实性、真实性、情境性的研究，体现出“实”的显著特征。叙事的“主题”是从某个或几个教学事件中产生，而不是将某个理论作为一个“帽子”，然后选择几个教学案例作为例证。它是以“叙述”为主，而不仅仅是经验的呈现方法。它谈论的是特别的人和特别的冲突、问题或使生活变得复杂的任何东西，所以叙事研究不是记流水账，而是记述有情节、有意义的相对完整的故事。它是教师在教育活动中对实事、实情、实境和实际过程所作的记录、观察和探究，从而获得对事实或事件的解释性意见。

（三）教育叙事研究的过程注重反思性

教育叙事研究并不是教育事件的实况录制，其根本特征在于反思，这种反思是对经验的重组和理解，以及提供意义诠释的过程。教师在叙事中反思，在反思中深化对问题或事件的认识，在反思中提升原有的经验，在反思中修正行动计划，在反思中探寻事件或行为背后所隐含的意义、理念和思想，即让教育回到生活本身，回到现实，让教育在生活中焕发能量，以此反思并改变自己的生活，从而使教育具有无与伦比的理论和实践的生命力。每一次反思都是一个新的起点，都让研究者获得对过去的一种弥足珍贵的亲切的感受，同时又沉淀、结晶出对过去教育生活的宝贵经验和宝贵的个体性教育知识。所以说，教育叙事研究的过程是一个经验反思和创造发展的过程。

（四）教育叙事研究的方法论是“质的研究”

所谓质的研究，陈向明教授指出：“是以研究者本人作为研究工具、在自然情境下采用多种资料收集方法对社会现象进行整体性探究，使用归纳法分析资料和形成理论，通过与研究对象互动对其行为和意义建构获得解释性理解的一种活动”。叙事研究则是质的研究运用的一种表现形式，它将使教师不仅获得有意义的职业生活，而且会改变教师的存在方式。

教育叙事不以抽象的概念或符号替代教育生活中鲜活生动的情节，不以苍白的语言来描述概括的教育事实，有着鲜明的优点。但是，也有自身的不足。教育叙事研究的局限性在于：

1. 一旦与传统的研究方式混淆，容易遗漏事件中的一些重要信息；

2. 收集的材料可能不太容易与故事的线索相吻合；

3. 读者容易忽略对故事叙述重点问题的把握；

4. 难以使读者有身临其境的“局内人”感觉；

5. 结果常常不清晰明确。

三、教育叙事研究的内容

教师的叙事研究非常鲜明地划定了事件的范围，这些“事”是教师之事，这些“故事”是教师的生活故事，是教师在日常的教育活动中所遭遇、所经历的各种事件。具体来说，研究内容包括：

（一）研究教师的教育思想

小学教育科学研究中的教育叙事研究主要立足于小学中的日常教育实践。也就是说，学校或课堂本身就是教师进行教育叙事研究的场所或现场，而教师的教育思想不是停留在空中的楼阁，也不是抽象存在的，它具体体现在教师的教育教学行为当中，表现为教师的教育理念先进与否、教育思想系统与否、教育认识独特与否。教师关于教育的理想、认识、看法、见解渗透于日常的教育活动中，指导着教师的教育行为，也影响着教师的人生。因此，教育叙事研究首先就要研究教师的日常行为背后所内隐的思想、教师的生活故事当中所蕴涵的理念，以便为教师的行为寻求到理论的支撑，为教师的生活建构起思想的框架。

（二）研究教师的教育活动

教育叙事研究的最好方式莫过于研究教师自己。研究教师自己，就必须认真地对待和研究教师和学生自身教与学的经验和实践。一方面，需要把教育变革建立在每一天的教与学的实践中；另一方面，亟须关注教师自己每一天教学中知识与技能、过程与方法、情感态度与价值观中的经验。只有从自身的实践和经验出发，才能变革教师自己的教育、教学。教师的教育活动是丰富多彩、绚丽多姿的，教师在教育中展现自己、在活动中塑造自己、在行为中成就自己，而这点点滴滴的细节和事件构筑起教师充实的职业生涯和美妙的事业人生。叙事研究正是立足于此进行的研究。可以说，教师的教育活动范围有多宽，教师的叙事研究领域就有多广；教师的职业触角有多深，教师的叙事研究延伸就有多长。这种研究有助于教师更深地认识自己、提升自己，由此带来教育世界的整体升华。

（三）研究教师的教育对象

教师职业的劳动对象是具有思想、感情、个性和主动性、独立性、发展性的活生生的人。成长中的青少年构成了教师职业劳动对象的主要部分。教师的叙事研究要研究学生的认知特点、情意特点、人格特质，研究学生的年龄特征、个性差异、身心规律，研究学生所感兴趣、所思考、所进行的活动。当这种研究将学生生活的真实世界展现于人们面前时，人们就获取了与学生对话、沟通、交流的可能，从而有可能理解学生所追求、所欣赏、所厌恶的事物，这样的教育世界才是真正属于师生的共同世界。

四、教育叙事研究的类型

教育叙事是教师对自己过往教育经验的回顾与思考。主要包括：

（一）教学叙事

教师的日常生活主要是课堂教学，教师所寻求的对教育实践的改进主要是对教学生活的改进，因此教师的叙事内容主要是由教师亲自叙述课堂教学生活中发生的教学事件。这种对教学事件的叙述称为教学叙事。

教学叙事绝不是简单的“镜像”教学生活，而是需要有鲜明的主题或引人入胜的问题，有解决问题的情境性、冲突性、过程性等描述，有解决问题的技巧和方法，有解决问题过程中及过程后的反思，有获得的经验或教训。所以，教学叙事通常采取夹叙夹议的方法，将自己对教育的理解以及对这一节课的反思插入到相关的教学环节中，用“当时我想……”“现在想起来……”“如果再有机会上这一节课，我会……”等方式来表达自己对教学改进的考虑。由于课堂教学是教师最日常的教育生活，所以，教学叙事的实质是反思教学实践过程中有价值和有意义的资源，它对教学起剖析、反思、借鉴和启迪的作用，是叙事研究的重点。

（二）生活叙事

叙事理论认为：生活中充满了故事，人的每一经历就是一个故事，人生就是故事发展的过程。每一个人都是他的故事的叙说者。教师叙述自己的教育故事，实质是反思自己的教育实践，教师参与教育研究不只是为了发表教育论文，不是为了炫耀某种研究成果，而是听教师讲述自己的故事。除了参与课堂教学，教师还大量地居留于课堂教学之外。所以，教师

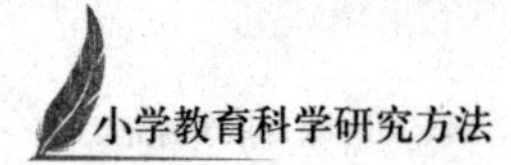

的叙事除了教学叙事，还包括教师本人对课堂教学之外所发生的生活事件的叙述，它涉及教师的管理工作和班级管理工作，如德育叙事、管理叙事等，一起构成生活叙事。一位老师曾经这样提道：“这类生活叙事比教学叙事更具有可读性，因为这些生活叙事与教学相关，又没有学科的界限，适合于所有学科的老师阅读”。所以，生活叙事也是值得关注的。

（三）自传叙事

自传叙事，指的是教师通过对个人成长或成长的某一方面的梳理，然后去发现这一阶段对教师教育生活的重要性，并经由自我反思、自我评价而获得某种自我意识。在这种叙事中，是我在讲述自己教育中的亲身经历，我是故事的组织者与建构者，当教师讲述他们自己的教育故事时，这种谈论教育的方式有些像叙述自己的自传，所以又把它叫作教育自传。自传叙事的实质是“从‘个人生活史’中透视整个世界”，因此它“充满生命的体验和生命的感动，容易牵动人心”。在对自我教育生活的发现与认同的同时，也是对教师人生的丰富性、价值性的发现与认同，教育叙事因此而成为改变日常教育生活单调与平庸的重要方式。

五、教育叙事研究的意义

（一）教育叙事研究是小学教师表达思想的有利方式

布鲁纳认为人类有两种基本的认识世界的方式：一种是为寻求普遍真理的范式的方式，这是自然科学研究的基本方式，在这种方式的主导下，人们关注的是普遍意义上的理与逻辑。另一种是叙事的方式，人们通常运用叙事的方式寻求实践的具体的联系，关注事件展开的具体情节，而不是以抽象的概念和符号压制生活中的情节和情趣。这是一种面向事实本身，理解他人、体验生活的人文科学认识方式。叙事过程本身就是反思、认同、获得意义，从而达到内心世界改变的过程。它具有真实性、可读性、情感的丰富性、对人的内心世界具有强烈冲击性的特点，是传统的科学方法所难以达到的。它贴近生活、贴近实践，能够较准确地把握经验的内容、意义和价值，因此是一种自下而上的研究。这是离一线教师的生活最贴近的、教师最容易表达自己的教育体验和梦想的研究。它通过教育生活经验的叙述促进人们对于教育及其意义的理解，为一线教师提供一种能让他们参与进来的生活语言风格的研究文本。

（二）教育叙事研究是实现教师专业化的有效途径与方法之一

美国学者波斯纳指出："没有反思的经验是狭隘的经验，至多只能成为肤浅的知识。如果教师仅仅满足于获得经验而不对经验进行深入的思考，那么他的教学水平的发展将大受限制，甚至会有所滑坡。"为此，波斯纳提出了一个教师成长公式"经验＋反思＝成长"。该公式体现了教师成长的过程应该是一个总结经验、捕捉问题、反思实践的过程，反思成为促进教师专业化发展的有效途径。教育叙事研究的基本目的不只是关注教育事理与逻辑，而是通过自我叙述来反思自己的教育生活，并在反思中改进自己的教育实践，重建自己的教育生活。可以说，反思性正是教育叙事的核心。当教师以叙事者的身份参与自我教育生涯历程之中，不断地谋求自我教育生活的价值追问与意义反思，就使得教育叙事不仅成为教师个体提升、改造日常教育生活质量的有效途径，同样也可以成为教师个体改造、提升教师自我生命质量的重要途径。

（三）教育叙事研究有利于教育科研走向生活实践

教育研究根据其研究的主要目的可以分为两种类型：一种主要是以探索教育科学世界规律为目的的研究，它要回答"是什么"和"为什么"的问题；另一种为探索教育生活世界本质为目的的研究，它要回答"怎么样"和"将会如何"的问题。在以往教育学理论中往往要解决的"问题"并不涉及实际的情境，因而不是现实的教育问题，可以用逻辑的理性方式"解决"。现实的教育问题总涉及个人的活动，而个人经验积累的不同以及个人所处的教育环境的不同、个人对问题认识的差异性会导致表面上或者形式上相同的问题，实质上则因人而异。因此，就教育研究的目的而言，两种研究范式不能相互替代。而叙事研究旨在揭示社会现象背后的意义，注重参与者的观点，关注不同的人如何理解各自生活的意义，因而能够深入探究人的内心活动和思想，弥补了以往那些忽视人类经验的某些特殊层面的研究方法的缺陷。

教育叙事研究不仅仅是教师表达个体经验的理论形式，而且是要求教师以合理有效的方式解决教室里发生的问题，并将其具体遇到的问题和解决问题的过程叙述出来。通过再现教育实践时空中发生的各种有意义的事件及场景，从中反思、感悟，得出个性化的结论。在这些教育叙事中，包含着教师的教育智慧，正是这些来自教学一线的活生生的故事，更能够给人们以新颖的启发和无限的思考，这正是教育理论的真正源泉。教育叙事研究以实践为驱动，以学校为本，以人为出发点，使教育回归生活本身，让“沉默的大多数”（教师）有机会参与进来，拥有话语权，发出自己的声音，有利于教育科研走向生活实践。

第二节　教育叙事研究的操作策略

教育叙事研究的操作策略始于素材的收集，始终围绕着故事展开。

一、搜集素材

教育叙事源于教育生活，所叙述的是已经发生过的教育事件，是生活中发生的真实故事，因此，它离不开丰富的素材和详细的原始资料。这就需要教师要善于捕捉这些教育故事的源文件，特别是要经常有意识地随时收集那些让你感到有趣或震撼的教育教学事件资料或存在新问题的教育事件资料。

收集的资料最好着眼于学生的行为、教师的教学等，可以是个人经历或别人经历的，可以是课堂上或课外发生的事情，也可以是在学校活动、学习工作中遇到的事。收集资料中经常采用的具体研究方法主要是参与式观察和深度访谈，目的是捕捉、把握研究对象的深层信息，深刻了解他的内心世界，深入揭示关于他个人思想的知识和社会背景方面的信息。当然这需要教师及时地做一些记录，养成记录的习惯。

二、提炼素材

教育叙事研究不是简单的镜像生活，而是观察与思考生活。这意味着并不是所有的故事都值得来写，需要根据情况选择一定的事件（故事）。选择时要把握住教育叙事必须基于真实的课堂教学实践，要捕捉教育教学活动中出现的问题，所叙述的教学事件必须具有一定的典型性，蕴含一定的教学理念、教学思想，具有一定的启迪作用，能够在研究者和读者之间开放教育的思考空间，引申出教育视域的复杂性、丰富性和多样性。

所选择的问题应该是有意义的问题。一是研究者对该问题确实不了解，希望通过此项研究获得一个答案；二是问题所涉及的地点、时间、人物和事件在现实生活中确实存在，对被研究者来说具有实际意义。所选择的问题切口要小而准确，表述要清楚，让读者从教育叙事中获得一定的感悟，或有某种教育灵感。

三、把握主题

教育叙事的研究方法是讲故事，而一个完整的故事，应该有一个明确的主题，必须有情节化描写，按照故事主题安排的需要将材料连贯起来。而且，这个主题应从某个或一连串教育教学事件中产生，体现出相关的教育教学理念，要把问题的产生、问题解决的过程、解决的结果这些内容阐述清楚。对于关键方面可进行重点描写。这样教师在讲故事过程中就能展现一个真实的自我，展示出具体的、独特的、情景化的日常教育生活。也只有这样，才会使讲述的故事生动形象、富有感染力，紧紧地吸引读者的眼球，深深地打动读者的心，并引起读者的共鸣，这是研究得以进行的保证。

四、分析阐述

教育叙事研究不仅要从生活事实出发，把真实的教育生活淋漓尽致地展现出来，同时又要有基于事实的深刻分析。两者并行不悖，相辅相成，构成了研究报告中细腻的情感氛围和浓郁的叙事风格。教育叙事研究需要反思，通过反思提升叙事的品位。反思是叙事中议的基础，只有深度反思，才会产生有分量的议，才能使研究有深度、有价值，使读者被打动，留下深刻的印象，有大的收获。这需要掌握一定的教育理论和研究方法。因为理论可以指导人的教育教学实践，启迪人们的思维和智慧，提高人的洞察力和分析力，升华人的思想和理念。

【参考案例】

小学班主任教育叙事案例——爱与智慧的力量教育教学叙事

班主任是班级活动的组织者、知识的传输者以及学生成长的引路人，在学生的身心发展过程中扮演着十分关键的角色，其言行举止都会对学生产生直接影响，是学生们争先效仿的范本，只有用爱和智慧的力量去感染学生，才能体现出教师对学生的关爱，帮助其健康、快乐地成长。

一、科学启动教育机制、巧用奖励

在我的教育生涯中，最令我印象深刻是我曾接手过一个全校“出名”的问题班级，全班共有 32 名学生，每次当我或者其他学科的教师走进教室，都会听见闹哄哄的讲话声、打闹声以及嬉笑声，每次都是在我声嘶力竭的呵斥下才能暂时的保持安静。课上哄堂、捣乱的学生大有人在，听到下课铃声，我还没宣布下课，就已经有学生大摇大摆地走出教室，不管是尝试怎样的“惩罚”，效果都不够理想，作为班主任，上述的情形简直让我头疼，甚至成为我的“心病”。

后来，我读到一本关于教育的图书，书中写道：教育学生不能一味的惩罚，而是要奖惩结合。受到鼓舞的我开始了我的教育尝试：首先，我在班级中设置了一个评比竞赛项目，分为四个板块，分别是礼仪、卫生、纪律以及学习成绩，之后在上面写上每个学生的名字，并在表现优异的学生的那一栏画上1朵小红花，画满20朵小红花就能获得一本课外图书，若有学生违反便会减去1朵小红花。

结果表明，在教育方案实行的第一天，教室相比于往常安静了很多，甚至有很多同学开始认真听讲，大家都争先恐后地想获得更多的小红花。从那以后，大多数学生都能在教师的引导下，主动完成课后作业、课上积极发言、主动与教师问好等，班级中打架、争吵的事件明显减少，且同学之间还会相互监督，逐渐形成了一股优良之风。

二、故事二：因材施教、以人为本，用爱心感化学生

作为班主任，不仅关心班级中的优等生，还要给予后进生更多的关爱，使其感受到来自教师的平等对待。在这个过程中，需要真正做到“以人为本”，关心和爱护每一位学生。在平时的教学中，要建立起一座爱心之桥，与学生进行心贴心的交流，如此才能更加深入的了解学生的想法。对于学生而言，教师的关爱是至关重要的因素，直接影响其学习兴趣和动力。而对于教师而言，其关爱不仅要给予优等生，也要平等的给予中等生和后进生，这样才能让学生更加积极主动的学习。

在我的数学课堂上，我印象深刻的是曾有一位学生，永远是小动作不断，与前后桌交头接耳，甚至还会在课堂上来回走动，不能控制自己的行为，影响其他同学学习。由于每天我都会接到无数学生的告状，因此我决定去到这名学生的家中了解情况。一开始，这名学生以为我是去他家中告状，于是嘟着嘴对我说：“今天晚上爸爸妈妈又要吵架了”。后来我了解到以前有教师去家访，这名学生的父母都会吵架，我听后才知道是因为他的家庭教育出现问题才使这名学生产生这样的行为。在这种情况下，我决定与这名学生进行深度的沟通，在后来的交流中，我了解到他的爸爸忙于工作很少关心他的学校生活，每当有教师去家访，爸爸都会认为是妈妈的教育有问题，两人相互推卸责任，所以难免吵架。之后我又跟着这名学

生的父母进行了沟通，并建议他们改变教育方式，尽可能多的陪伴孩子，多给她一些关心和爱护而不是放纵。经过一系列的沟通之后，我发现这名学生的行为有了明显的改进，不管是在学习成绩还是在课堂纪律上均有所提高，作为班主任的我，看到他一点一点的进步，真的为他感到开心和骄傲。与此同时，这名同学也逐渐地明确了自己的学习目标，还时常主动与我交流，告诉我父母吵架的次数越来越少，而且还会在休息时间陪他去游乐场，听到这里我十分欣慰。

二、结语

综上所述，在从事班主任工作的时间里，我深刻地认识到，教育其实是一门爱与智慧相结合的艺术，作为教师，若能够真正地给予学生爱与呵护，便会远远胜过于千言万语。我们的言行举止都会对学生产生直接影响，因此在今后的教育生涯中，我们一定要明确自己的定位，平等的对待每一位学生，真正做到因材施教和以人为本，努力、出色地扮演好教师的角色，使每一位学生都能够健康、快乐地成长。

资料来源：王健.《小学班主任教育叙事案例——爱与智慧的力量教育教学叙事》小学生（中旬刊），2019第12期

◆ 小学教育资格证考试历年真题 ◆

1. 研究者关注事件，揭示教育现象，采用“课描”的写作手法，以讲故事的方式呈现研究结果。这种教育研究方法被称为（　　）。

A. 实验研究　　B. 调查研究　　C. 叙事研究　　D. 行动研究

解析：本题考查对教育科学研究方式的识记情况。叙事即叙述故事，即以口头或书面的方式讲故事。因此叙事研究是指通过口头或书面讲故事的方式开展的研究。这种研究强调个人经验的原始性、情境性和真实性。叙事研究中的一种特殊形式是教师自传型叙事，即通过教师个人叙述自己的成长经历来对自己教学实践进行反思和改进，以促进自身经验的积累和生长。故C项正确。

A项：实验研究是指用实验的方法研究问题的一种研究类型，是研究者按照研究目的，合理地控制或创设一定的条件，人为变革研究对象，从而验证研究假设，探讨教育现象因果关系，揭示教育工作规律的一种研究。与题干不符，排除。

B项：调查研究法是在教育理论指导下，通过运用问卷、访谈、作品分析、测量等方式，有目的、有计划、系统地收集研究对象的客观资料，进行整理分析之后，从中概括出规律性结论的一种研究方法。教育调查分为：全面调查、重点调查、抽样调查和个案调查。与题干不符，排除。

D项：教育实践工作者为改善教育教学实践而开展的研究称为行动研究。行动研究的重点在于解决“怎么办”的问题。与题干不符，排除。

2. 教育研究主体通过对有意义的教育教学事件的描述与分析是（　　）。

A. 经验研究法　　B. 调查研究法

C. 行动研究法　　D. 叙事研究法

解析：本题考查教育研究方法。叙事研究法即教育主体叙述教育教学中的真实情境的过程，是通过讲述教育故事体悟教育真谛的一种研究方法。通过分析题干中“教育教学事件”可知D项正确。

A项：经验研究法是指教师通过对自己的教育教学经验进行回顾和反思从而进行研究的一种研究类型。其强调教师的教育经验。与题干不符，排除。

B项：调查研究法是研究者采用问卷、访谈等方式对现状进行了解，对事实进行考察，对材料进行收集，从而探讨教育问题、教育现象之间联系的研究方法。与题干不符，排除。

C项：行动研究法是教师和研究人员针对实践中的问题，综合运用各种有效方法，以改进教育工作为目的的教育研究活动。其强调在“行动”中研究，在“情境”中研究，在“做”中研究。与题干不符，排除。

故正确答案为D。

3. 简述教育叙事研究的一般步骤

解析：一般来说，教育叙事研究的步骤可分为以下几个方面：

① 确定研究问题；

② 选择研究对象；

③ 搜集故事，建构现场文本；

④ 整理分析故事，提供意义诠释；

⑤ 确定个体故事包含的主题或类属；

⑥ 撰写研究文本，确认与评估研究。

第八章　教育行动研究法

【学习目标】

1. 了解行动研究法的基本含义与特征。

2. 了解行动研究法的基本类型。

3. 掌握行动研究法的实施步骤，能够在教育实践中正确设计行动研究方案，实施行动研究设计。

第一节　教育行动研究法概述

行动研究法是一种社会科学研究领域的常用方法。最早由美国的社会心理学家库尔特·勒温于1946年正式提出。美国的柯雷是这一方法的主要倡导者，也是他将行动研究法一词介绍到教育界，就有了教育行动研究法一词。20世纪70年代，在一批心理学家的共同努力下，教育行动研究法逐渐在教育研究领域产生了广泛的影响并成为一种重要的研究方法。

这种研究方法引入我国并引起教育界的注意不过是20世纪90年代中后期的事，经过这些年我国学者的积极提倡，越来越多的教师开始注意此研究方法，并积极将其与自己的教学、研究结合起来。

行动研究关注的不是教育理论问题，而是教育实践者日常遇到和亟待解决的实际问题，特别是实践者对问题的认识、感受和经验。行动研究不仅使教师获得了“是什么”的知识，更重要的是使教师获得“如何做”和“为什么做”的知识，因此，受到了小学教师的欢迎。

一、教育行动研究法的概念

关于教育行动研究法的概念，目前还没有统一的说法，但有许多变体说法，比如，合作研究法、现场研究法、实地试验与作业研究法、合作行动研究法等。尽管说法不一，我们还是可以从各家观点中得到一些共性的东西。比如，行动研究是在实践中提出问题并寻找答案的过程、行动研究中的问题与实际工作紧密相关、行动研究以研究者的日常工作为根据、它与传统的研究不同之处在于它的研究者不是远离他所研究的内容而是参与其中，这种研究是易行的、能重复的。

教师的行动研究与一般所说的着眼于理论层面的研究有所不同，它是基于教师在课堂上遇到的实际问题的研究，它着眼于实际的教学问题。其研究的主体不是受过专门训练的或有研究专业功底的专业研究人员，而是教学一线的教师，而行动研究的结果是一些能改进教学问题的新做法。

二、教育行动研究法的特征

行动研究法强调在实际工作需要中寻找问题，在实际工作过程中进行研究。它是以教师为主体，强调的是教育者和研究者的共同参与，强调的是某一特定问题的解决，强调将改革行动与研究工作相结合，方法上相当于准实验研究。因叙述角度不同，行动研究法可以总结为不同的特征。

（一）为行动而研究

行动研究法打破了传统研究在研究目的上的局限性，其目的不是为了理论上的产出和普遍规律的发现，不是构建系统的学术理论，而是为了行动的改进、实践的改进。可以看出，行动研究的目的具有实用性，问题的解决具有即时性的特点。

（二）在行动中研究

行动研究的环境并非经过特别安排的或控制的场景，而是实际工作者所处的实际情境。行动研究的研究过程，是实际工作者解决问题的过程，是一种行动的表现，也是实际工作者学会反省、提高问题探究与问题解决能力的过程。在教育界，它使教师在自身的教育教学行动中通过发现问题、分析和研究问题、解决问题，来改进自身工作。它把教育研究和教育行动有效地结合起来。

（三）由老师作为行动者来研究

行动研究的主体是实际工作者，他们一边工作，一边研究，将研究的结果运用于自己的工作，从而把探索研究结果和运用研究结果结合起来。专家学者参与研究扮演的角色只是提供意见与咨询，是指导者、协作者，而不是研究的主体。

行动研究法的实质是解放那些传统意义上被研究的“他人”，坚信教师人人都能做研究，人人都能成为研究者。教师作为教育实践的主体，必须透过研究才能改善教育教学活动。因此，它特别强调实践者的参与，注重研究的过程与实践者行动过程的相结合，通过对自己的社会和历史进行批判性探究，他们有能力了解那些深深扎根于他们自己文化群体中的价值观念，并且找到解决问题的答案。

（四）研究的任务是解决教育中的实际问题

行动研究法关注的不是理论研究者认定的理论问题，而是教育实践者日常遇到和亟待解决的实际问题，是以提高行动质量、改进实际工作、解决实践问题为首要目标。它最大的现实意义就在于可以让教师“理解”在他的实践中有着内在联系的多种要素的含义，从而使他的实践更具理性特征。

（五）研究的方式是边行动边研究

行动研究是在日常的学校生活和真实的课堂教学环境中进行的、与特定问题相联系的一种方法，其研究的对象多为教育教学实践中的比较具体的微观问题。这样的问题范围较小，结构较简单，相关因素较少。这种研究需要在日常的学校生活情境中进行，强调了教育研究与行动研究的结合，要求研究者应依据行动的实际情况，随时调整计划，完善行动，在良性的变革之中达到问题的解决，使教育教学的工作过程成为一个研究过程，使研究过程成为一个理智的工作过程，有效地弥补了教育研究中理论与实践相脱离的缺陷。

（六）研究的过程具有系统性和开放性

行动研究的系统性表现为行动研究的开展有一般的操作程序，这个过程是一个螺旋式的发展过程，是一个由计划、实施行动、观察和反思四个环节构成的循环往复的运作系统。行动研究的计划有充分的灵活性、开放性和动态性的特点，有时往往不能简单地、集中地表现出计划与结果之间的必然的线性关系，所以需要不断地观察和反思，重视教育改革实验中出现的新问题。依据发展中的实际情况，研究者可以部分修改实施计划，也可以修改总体计划，甚至还可以更改研究课题。也就是说，行动研究要通过研究者行动上的干预来达到对象的改变。行动干预的进程和方法没有一个严格的程序，始终是对行动的诊断和干预。它具有弹性或动态性的特点，由研究者根据情况边实践边修改，边修改边实践，直至达到理想的结果。

（七）研究的方法具有广泛的兼容性

行动研究法不是独立于各种教育研究方法（调查研究法、观察法、比较研究法、测验法、实验研究法、经验总结法、理论研究法等）之外的某种特殊的研究方法，而是在研究中，根据研究问题的性质、研究过程的不同目的（如现状调查、收集实施行动后的有关资料，对实验结果的评价等）及研究者的能力，从已有的各种研究方法中灵活选择有关方法进行研究。像可以运用调查研究法、测验法收集资料，参照实验研究法进行教育实验，运用理论研究法对实验结果加以科学分析和理论概括等，这种多元化的研究方法充分展现了兼容性的特点。

三、教育行动研究法的局限性

（一）普遍性不高

研究的问题或对象通常仅限于本校或本校的某个教学班，表现出较多的某地区的某所学校或教学班的特征，不具普遍性。由于其非正规性而缺少科学的严密性，取样缺乏代表性，其成果的推广性应慎重考虑。

（二）可靠性不高

研究的对象多为教育教学实践中的比较具体的微观问题。问题的范围较小，结构较简单，相关因素较少，再加上研究人员强调方法的简便实用，致使研究结果缺乏普遍性和可靠性。研究中对其条件和控制不做说明，致使研究的内部效度和外部效度不高，其结果的准确性、可靠性不够。

（三）准确性不高

多数教师未掌握教育科研的基本方法，缺乏科研意识，再加上自己既是教育者又是研究者，较难客观地诊断问题。

四、行动研究法的类型

（一）按照研究的侧重点分类，行动研究可以归纳为如下三种类型

1. 行动者用科学的方法对自己的行动进行的研究

这种类型强调使用测量、统计等科学的方法来验证有关的理论假设，结合自己实践中的问题进行研究。它可以是一种小规模的实验研究，也可以是较大规模的验证性调查。

2. 行动者为解决自己实践中的问题而进行的研究

这种类型使用的不仅仅是统计数据等科学的研究手段，而且包括参与者个人的资料，如日记、谈话录音、照片等。研究的目的是解决实践中行动者面临的问题，而不是为了建立理论。

3. 行动者对自己的实践进行批判性反思

这种类型强调以理论的批判和意识的启蒙来引起和改进行动，实践者在研究中通过自我反思来追求自由、自主和解放。

上述三种类型分别强调的是行动研究的不同侧面：第一种类型强调的是行动研究的科学性；第二种类型强调的是行动研究对社会实践的改进功能；第三种类型强调的是行动研究的批判性。虽然这些类型强调的方面各有侧重，但在实际研究中，研究者可以根据需要同时体现出这三个方面的特征。

（二）按照参与人员的多少来分，分为个体研究、小组研究、群体研究

1. 个体研究

这种类型是教师针对自己在教育实践中所遇到的需要解决的问题而进行的研究。这种类型便于实际工作者紧密结合实际，及时开展有针对性的研究并取得实效。但是这种方式一般只能限于个人力所能及的课题。

2. 小组研究

这是学校内若干教师和行政人员自愿组成研究小组，围绕实际工作中共同关心的某一问题而开展的研究。这种研究方式强调小组成员之间的合作与协调，有利于发挥小组的集体力量和智慧，也可以请专家进行指导，从而克服个体研究的局限性。

3. 群体研究

这种行动研究是以研究课题为中心任务，由一定的地区或学校的行政领导、教师和专业研究人员共同组成研究队伍，根据教育实际开展专题性或综合性的合作研究。这种方式有利于把具有不同能力、不同素养、不同专业、不同知识和经验背景的人员组成一个有机整体，形成浓厚的研究氛围，有利于群体多角度、多内容、多方法地进行探索，有利于理论与实践相结合以实现更大的创新功能。这是行动研究的最高层次，也是行动研究较为理想的典型类型。

五、行动研究法的意义

有的研究者提出：“教育科学的理想是，每一个课堂都是实验室，每一名教师都是科学共同体的成员”，行动研究法正是体现了这一理念。“行动研究的开展使研究的主题更贴近教学实际，它必定会使教师在教学中体验到前所未有的乐趣和成就感，利于教师发现并开发自己的无穷潜能。”

（一）行动研究法凸显了小学教师是研究主体的地位

教育行动研究把行动与研究结合起来，其实质是“解放那些传统意义上被研究的他人，让他们自己接受训练，自己对自己进行研究”。在教育教学实践中，教师置身于教育情境，处于最有利的研究位置，拥有最多的研究机会。教育实践需要教师解决错综复杂的教育问题，特别是当理论知识比较单纯、概括和简化，且无法与教育实践对接的时候更是如此。行动研究法将小学教师置身于研究者的身份，并不是让小学教师像专业研究者那样以一个旁观者的身份对教育进行研究，也不是让小学教师在办公室里另起炉灶，把教育教学抛在一边，而是让小学教师在教育中进行研究，在研究中进行教育，来解决教师在教育工作中所遇到的问题来开展研究，来改变教师自己独特的教育教学情境。

（二）行动研究法体现了研究回归教师、回归实践的理念

行动研究法在研究与实践之间搭建桥梁，将研究过程与目标有机结合起来，强调教学行为与科学研究相结合，强调行动过程与研究相结合，目的是提高行动质量，增进行动的效果。因此，它更为关注的是教育的内在价值。这意味着教师在这个过程中，不再是单纯以教育理论工作者构思、设计好的课程达到预设目标的知识传授者，不是只把视野局限在教学内容与手段方法上，而是开始主动关注教育内容的价值与意义，关注教育实践活动对学生身心发展所产生的实际效果，反思自己的教育行为，进而有意识地改善自己的教育行为，为教育活动创设最佳情境。整个研究过程都是在行动之中展开的，始终没有脱离教育的具体情境，并且以行动质量的提高作为检验行动质量的标准，来谋求教育行动的改进。行动研究法体现了重新回归教师、回归教育实践的实践，这正是教师职业得以回归和对教师的历史性补偿，表明了教育研究面向实践的方法论的转向。

（三）行动研究提高了教师的反思能力

当一个人在行动中进行反思时，他就成了实践脉络中的一位研究者。不少学者倾向于将反思作为行动研究的本质属性。因为，在行动研究中，研究者通过研究活动对其从事的实际工作进行批判性反思，对行动的过程和行动的效果进行理性思考，进而通过反思开发出行动的新观念和新策略，所以，行动研究法追求的是在行动过程中将理论与实践两者统一起来，以反思为中介，在理论与实践的互动中寻求实践的增进和理论的发展。从哲学的意义上讲，行动研究法体现了认识世界和改造世界的统一，这对改变教育领域长期以来理论与实践相脱离的局面，对于教师获得一种自我反思和自我批判的可持续发展的学习能力，养成一种反思、追问与探究的生活方式有着十分积极的意义。

第二节　教育行动研究法的实施

行动研究和所有的科学研究一样，有一定的程序和步骤，在实施行动研究的具体程序与步骤上有自身的特点。

一、行动研究的四环节模式

四环节行动研究模式是以勒温的螺旋循环模式为基础，是目前行动研究广泛采用的操作模式。他认为行动研究的过程是螺旋式加深的发展过程，每一个螺旋发展圈又都包括四个互相联系、互相依赖的环节。这四个环节分别是计划、行动、观察和反思。

（一）计划

计划是指以大量事实和调查研究为前提，从现状调研、问题诊断入手，包括了总体计划和每一个具体行动步骤的设计方案。比如说，要求研究者弄清楚：现状如何？为什么会如此？存在哪些问题？关键问题是什么？它的解决受哪些因素的制约？创造怎样的条件，采取哪些方式才能有所改进？什么样的设想是最佳的？行动研究的进度如何？等等。要充分考虑到一些制约因素、矛盾、条件，预料到一些可能发生的条件，为下一步的行动奠定基础。

（二）行动

行动就是指计划的实施，是行动者有目的、负责任、按计划的行动过程。在行动中，一方面要按计划、有控制地进行变革；同时还要考虑到实际情况的变化，及时关注各种信息的反馈，不断吸取参与者的评价和建议，不断进行行动调整，完善研究行动。

（三）观察

观察是指对行动的过程、结果、背景以及行动者的特点进行考察，这是进行反思、修订计划和进行下一步的前提条件。观察内容有：一是行动背景因素以及影响行动的因素。二是行动过程，包括什么人以什么方式参与了计划实施，使用了什么材料，安排了什么活动，有无意外的变化，如何排除干扰。三是行动的结果，包括预期与非预期的，积极和消极的。要注意搜集三方面的资料，为下一步的反思奠定基础。

（四）反思

反思是一个螺旋圈的终结，又是过渡到另一个螺旋圈的中介。反思这一环节包括：一是对观察到的与实施计划有关的各种现象加以归纳整理、描述出本循环过程和结果；二是对行动的过程和结果做出判断评价，对有关现象和原因做出分析解释；三是写出研究报告。

二、行动研究的六步骤模式

六步骤模式的具体步骤为：预诊——收集资料初步研究——拟定总体计划——制订具体计划——行动——总结评价。

（一）预诊

这一阶段的任务是发现问题。对于自己教育教学工作中出现的问题，进行反思分析问题，并根据实际情况进行诊断，得出行动改变的最初设想。在六步骤中，预诊占有十分重要的地位。

（二）收集资料初步研究

这一阶段要成立由教研人员、教师和教育行政人员组成的研究小组对问题进行初步讨论和研究，查找解决问题的有关理论、文献，充分占有资料，参与研究的人员共同讨论，听取各方意见，以便为总体计划的拟定做好诊断性评价。

（三）拟定总体计划

这是最初设想的一个系统化计划。行动研究法是一个动态的开放系统，所以总体计划是可以修订、更改的。

（四）制订具体计划

这是实现总体计划的具体措施，它以实际问题解决的需要为前提，有了它，才会导致旨在改变现状的干预行动的出现。

（五）行动

这是整个研究工作成败的关键。这一阶段的特点是边执行、边评价、边修改。在实施计划的行动中，注意收集每一步行动的反馈信息。如果可行，则可以进入下一步计划和行动中。反之，则对总体计划甚至基本设想都可能需要做出调整或修改。这里的行动，目的不是为了检验某一设想或计划，而是为了解决实际问题。

（六）总结评价

这是对整个研究工作的总结和评价。这一阶段除了要对研究中获得的数据、资料进行科学处理得到研究所需要的结论外，还应对产生这一课题的实际问题做出解释和评价。

从上述行动研究法的六个步骤模式中，我们可以发现三个明显的特征：一是具有动态性，所有的设想、计划，都处于一个开放的动态系统中，都是可修改的；二是较强的联合性与参与性，研究者、教师、行政人员的全体小组成员参与行动研究法实施的全过程；三是在整个研究过程中，将诊断性评价、形成性评价、总结性评价贯穿于行动研究法工作流程的始终。

三、行动研究的一般程序

（一）确立课题

在发现问题、分析问题的基础上，确立研究课题。能解决教育教学过程中的实际问题，是行动研究的基本导向。根据小学教师的特点，确定的研究课题开口要小、开掘要深，要具有可操作性的、应用型的特点，使教师能够通过对行动的诊断和干预，有的放矢、对症下药，解决身边的实际问题。

（二）查阅文献

在确定查找范围的基础上，搜集、查阅文献，从他人的研究中获得方法或理论方面的启示，为制订研究方案奠定基础。通过文献可以了解到，针对发现的问题，已有的研究做了哪些工作，主要观点是什么，有什么值得借鉴之处，哪些问题有待修正、补充，进而采取科学的方法，以便有目的、有计划地进行行动干预。

（三）拟订行动计划

拟订的计划应与学校要求相协调，是自己能够做得到的。计划的内容包括标题、目的、假设、对象（范围）、方法（步骤）、资料（信息）、物质保障（经费、环境、设备、设施、人员等）、时间、参加人员及人员分工等。

（四）实施行动

行动研究的其中一个特点是边行动边研究，边研究边行动。因此，在实施行动中，要注意采用观察、问卷、测验等方式广泛收集资料，及时了解研究的进展。

（五）总结反思

对研究资料进行整理、分析、解释、做出推论，并对研究进行反思评价，改进研究计划，完善研究工作，为新一轮的深入研究做准备。

（六）评价效果

通过对教师、学生进行调查，制订科学的评价量表，了解行动研究的效果。根据评价概况，可以再一次发现问题、设计实验方案、实施行动方案、评价或有新的发现、再计划、再实施、再评价或发现……通过这种方式不断进行，达到解决实际问题，改善社会行为的目的。

评价时通常从以下几个方面进行考虑：

1. 研究是否有利于发展和改善目前的教育现实，是否解决了实际问题；

2. 是否达到了解放教师的目的；

3. 研究设计和资料收集的方法与实践的要求是否相容；

4. 是否发展了教师的专业知识；

5. 研究方法是否与具体情境下的行动目标相容。

四、行动研究的简化程序

（一）确定研究课题

发现教育工作中亟待解决的实际问题，选定研究主题，并对研究问题的成因进行分析诊断与肯定。

（二）拟定研究计划

明确课题研究的总目标，并围绕总目标设计研究的方法、程序、监控手段等。

（三）实施行动研究

收集资料、拟定并实施有效的教育措施。

（四）进行总结评价

汇集资料、做好观察记录，根据各种信息反馈认真修正行动计划，再实施新一轮行动研究，直到实现研究总目标。

【参考案例】

案例一

个体式研究

行动研究者：王老师

情境：某小学五年级科学课王老师，自开学以来，经过两次月考后，发现其班上学习效果不佳，因此他运用行动研究法来了解问题所在，并改善学生学习情况。其实施步骤如下：

1. 发现问题——王老师发现其班上学生两次月考下来，科学课成绩的表现不佳，因此想从研究中了解问题，并加以解决。

2. 确定问题——他开始分析有关影响学习效果的因素，请教同年级其他科学课老师，并经仔细观察，确定了“如何增进学生学习科学的兴趣”为最重要问题。

3. 文献探讨——确定研究主题后，便开始广泛地搜集和深入探讨与增进学生兴趣有关的文献。

4. 拟定计划——根据文献及问题分析，王老师决定以调查研究法来进行对班上学习兴趣的研究。他想自编一套评量学生的“科学课兴趣量表”。

5. 搜集资料——王老师根据研究设计，对学生进行测验。最后将此资料进行进一步的分析，发现学生对科学课兴趣低落的原因，主要是上课缺乏实验、讨论，同时户外观察活动也太少。

6. 设立假设——根据研究结果，王老师推出行动假设，即每周进行两节实验，一节讨论，每两周有一次户外活动。

7. 实施行动方案——根据假设，王老师便开始进行新的科学课教学活动。

8. 评鉴实施结果——实施新教学活动后，再实施测验，以了解实验的成效是否有增进。

9. 修正方案与再实施——如果评鉴结果有效，则继续原来的行动方案，否则必须再分析与诊断产生问题的原因，以修正行动方案。

案例二

小组式研究

组员：陈列、高兴、孙小平、林然

1. 情境

2022级教育技术系学生普遍存在生活不规律的现象，主要表现在：80%的同学不吃早餐，就餐时间也不规律；90%的同学缺乏锻炼；极少数同学经常性熬夜。

小组成员从问题的现状入手，探究其发生的原因，经讨论后得出出现上述问题的根本原因有五点：

（1）大学生比较缺乏自律能力；

（2）在思想态度上没有认识到问题的严重性和重要性；

（3）周围人的影响和教唆；

（4）大学课程设置与初高中课程设置的相异性；

（5）学校后勤管理不完善。

以上原因都是导致这个问题在大学校园里普遍存在的主要原因。

本课题拟利用一对多帮助、访谈、讲座等多种形式，加强与同学们的交流，重点从思想和态度方面使同学对生活规律不正常的现象引起足够的重视，并使他们在行动上有所改观，而且要在相当长的一段时间内，能够让同学们逐步形成良好的生活习惯，提高同学们的生活和学习质量。

2. 提出总体实施方案

本课题计划采取每隔一段时间开展一次一对多帮助、访谈、讲座等活动，同时加大班干部、寝室长、老师的监督力度。针对极个别同学，我们还将安排老师与其谈话交流，必要时老师可以强制他们执行特定的生活作息时间表。

试验对象：2022级教育技术系学生

试验周期：三个月

课题负责人：本小组全体成员

本班学生和教师是行动的实践者和参与性观察者。

3.设计第一次行动计划并进行活动

根据实施方案，我们将邀请2021级，2020级以及本班生活作息正常，学习效率高，生活安排合理的具有表率作用的同学，针对性地对本班生活不规律的同学进行帮助，主要是谈谈自己的心得和生活不规律后果的严重性，从思想和态度方面使他们对问题重视起来。如果条件允许的话，我们将同时邀请一位专家，开展一次有关健康的专业讲座。

4. 对第一次行动进行观察记录

我们的观察分为短期的观察和长期的观察，主要通过问卷调查的方法和对周围人的访谈对生活不规律的同学在态度和行为上的改变做观察。

（1）短期（一周—两周）：通过问卷，调查这些同学是否在作息时间上有所改变，态度上是否有所改观。通过对其周围同学的访谈，详细了解这些同学是否实施了具体的行动，是否有情绪上的波动和行动的持久性。

（2）长期（三周—六周）：主要通过对其周围同学的访谈，了解在行为上有所改观的同学能否坚持实施计划，是否已经成为一种习惯，是否带动了周围同学态度的改变等。

5. 对第一次行动的反思评价

（1）本小组成员之间交流收集到的信息；

（2）与老师对同学的改变交换意见，并提出改进的方法。

在第一次的行动后，我们发现大多数以前生活不规律的同学短期内在生活作息方面都有所改观，但从长期观察的结果分析，只有少部分同学能够坚持下来，最终成为自己的一个习惯。其他同学在意识上有所重视，但是对于如何坚持还存在很大困难。

6. 制订定第二次行动方案

在第一次行动的基础上，我们第二次行动主要采取同学之间互相督促、互相监督的方法，并实施相应的奖惩措施。这次行动的重点也由使同学们从意识上重视转化到逐步养成一种好的生活习惯上来。

7. 对第二次行动进行观察反思

进一步修改行动方案，通过不断观察和反思，挖掘更好的方法，逐步解决本班同学生活不规律的现象。

第九章　教育实验研究法

【学习目标】

1. 了解教育实验研究法的涵义与特点，了解教育实验研究法的基本类型，明确实验研究方法在小学教育科研中的重要性。

2. 了解教育实验研究的基本要素，能够正确指出教育实验研究中的自变量、因变量与无关变量。

3. 掌握教育实验设计中控制各种无关变量的方法。

4. 掌握教育实验研究设计的一般步骤，能够根据教育实际设计实验研究。

第一节　教育实验研究法概述

教育实验是一种变革性、探索性的教育实践活动，是通过人为地控制某些因素，揭示某些变量之间的因果关系的方法。它的兴起为教育研究的科学化、精确化、数量化提供了有效的途径，是最重要的研究方法之一。

一、教育实验法的概念

教育实验法是研究者以一定的教育理论及假设为指导，按照研究目的，合理地控制或创设一定的条件，人为地变革研究对象，从而验证假设，探讨教育现象间的因果关系、揭示教育活动规律的一种研究方法。教育实验是推进教育教学改革的有效手段，在某种意义上说，它是教育科学发展的源泉和基础，是一种要求比较严格、较难掌握和操作的研究方法。

教育实验法不同于其他的方法。观察法和调查法都是以收集、分析在自然状态下呈现的现象资料为直接任务，是对自然发生的现象进行描述、归纳与分析，表明“是什么”“怎么样”。但是不能主动操纵、干预研究对象，难以排除原因与结果之外第三变量的干扰，难以直接对原因和结果做出确定的判断，而只能对某种可能性的原因进行推测。

二、教育实验法的优缺点

（一）教育实验法的优点

教育实验是实验性的教育实践活动，又是教育性的实验研究活动，是实验性和教育性的统一。因此，作为一种教育科研活动，它与其他科学实验有着共同的实验性，必须按照科学方法的规范来进行，必须符合实验法的基本要求，这就是它的主动变革性、控制性和因果性。同时又有着不同于其他科学实验的个性，这就是它的教育性。

1. 主动变革性

教育实验法是通过创设一定的研究情境，主动地操纵实验条件，人为地改变对象的存在方式、变化过程，使它服从于科学认识的需要。同时也在某种程度上呈现出非自然的、人为预期的状态。因此，研究者可以更好地发挥主动性，根据需要适时地选择时间、地点进行实验处理，了解到在其他条件下无法研究的种种情况。可以说，主动地变革是作为教育实验最主要的标志而区别于一般的教育教学活动。

2. 控制性

控制是教育实验法的精髓。教育实验要求根据研究的需要，用比较严密的程序组织，并借助各种方法技术，减少或消除可能影响科学性的无关因素的干扰，在简化、纯化的状态下认识研究对象。因此，可以使整个实验置于研究者控制的条件下进行，使不同的研究者在同样条件下，可反复实验，反复观察。

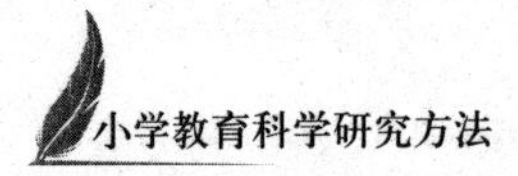

当然，这种控制条件是相对的。教育实验的主要对象是人，是一定群体的学生，而人的情感、意志、心境等是无法严格控制的。因此，教育实验不可能像自然科学的实验室实验那样严密，严格控制所有无关变量，来辨明真正具有因果关系的相关变量。从这里可以看出，教育实验研究是一种准实验研究。

3. 因果性

实验的根本目的是探明因果关系，即判断自变量与因变量之间的因果联系，这是教育实验研究的主要任务。因为在教育实验中通过对各种与实验无关的影响因素进行有效的控制，就可以判断实验结果的产生是由于实验处理的结果，两者必然具有因果关系。而其他研究方法即使是因果关系的比较研究，也往往难以确定因果联系。

4. 教育性

教育实验研究的教育性主要表现在：

（1）在教育研究中，实验者与教育者合二为一，是在教书育人的过程中研究教育；

（2）在研究对象上，教育实验的被试就是教育对象，他们不是静态的自然事物，而是动态的、参与实验的主体，他们有自己的自主性、创造性，研究者必须尊重他们的意愿，充分发挥他们的积极性、创造性；

（3）在实验物质手段上，教育实验更多的是在真实的社会环境和学校环境里，而不是在专门的实验室进行，不可避免地要受到政治、文化、民俗及其他大量的非科学因素的干扰；

（4）在研究方法上，教育实验更强调定量研究与定性研究相结合。

总之，教育实验既要确认教育现象之间的因果联系，以求真为基础和前提条件，同时又要探索有效的教育内容、方法，有力地促进学生身心的健康发展，以至善为出发点和归宿，要受到真理标准与价值规范的双重制约。

（二）教育实验法的缺点

1. 由高度控制带来的环境“失真”

实验通过严格控制环境条件，有利于准确地探求因果关系，但是实验条件控制越严，离真实的教育活动环境就越远，那么它在非实验控制的自然条件下的教育活动中重复验证的可能性就越低。从实验情境中获得的结论并不完全适用于实际生活情境，因而实验研究法的价值大大降低。因此，越是客观的、综合性很强的教育问题，越不可能用实验法进行研究。

2. 科学研究中的许多变量是无法操纵、控制的

像研究者本身的价值观、态度、动机会影响着被实验者的行为。比如实验人员的期望会影响实验效果的罗森塔尔效应，对比组师生对实验组实验措施的暗中模仿或“较劲”的约翰·亨利效应，还有由于教育实验过程较长而引起的“生成效应”。这些效应中，有些可能对提高教育活动效率有利，但最终对探索真理无益。

3. 存在样本不足和选择误差的现象

教育实验基本上属于社会科学实验，所进行的一般是关于群体的研究，群体越大，控制的难度越大；样本较小，又不足以将结论推广到全体；且由于种种社会因素的影响，实验往往只能在指定的学校和班级进行，样本不能代表更大范围的总体，这样就会不自觉地影响到实验研究的科学性。

三、教育实验研究的类型

从不同的角度划分，教育实验研究可分为不同的类型：

（一）按照实验场地，分为实验室实验和自然实验

1. 实验室实验

实验室实验是在严格控制的情况下，专门在教育实验室里进行的实验。这种实验能够有效地控制无关变量，具有可重复验证的特点，常用于探讨理论问题。

2. 自然实验

自然实验，又称现场实验，是在毫无控制的自然情况下进行的，其研究结果能解决教育实践中的实际问题。对于教育实验来说，大部分是自然实验。

（二）按照教育实验的目的，分为探索性实验、验证性实验和应用性实验

这种划分反映出创新性与重复性的特征。

探索性实验主要是探索新的教育科学理论，探明造成某种现象的原因究竟有哪些，或者操纵某些条件会引起什么效果的实验。验证性实验是对已有的规律或结论进行验证的实验，目的在于验证自变量是因变量产生的原因。应用性实验是把已发现并验证过的科学理论、正确的实验成果应用于具体的教育实践的实验。这是以解决实际工作当中存在的某些问题为主要目的的实验方法，强调的是研究的应用价值。

（三）根据实验控制的程度，分为前实验、准实验、真实验

1. 前实验

前实验是指实验中缺乏清晰的假设、缺乏控制无关因子的措施、一般不设对照组、干扰因素较多、内外效度较差的实验，因而往往无法说明因果关系，从严格意义上说，这是一种不合格的实验研究。

2. 准实验

准实验指在现成的教学班级内进行，没有随机分派被试，不能完全控制误差的来源，只能尽量减小误差的实验。从实验的目的与所要完成的任务来看，它接近真实验，即揭示事物间的因果关系。但从控制程度来看，它又不足以称为真实验，尽管它力图控制实验干扰因素，但无法做到完全加以控制。

3. 真实验

真实验指随机分派被试、完全控制无关因子、内外效度都很高的实验。真实验中，实验者可以有效地操纵和控制实验变量，能随机地选择和分配被试，实验结果能够比较客观地反映实验处理的作用。这种实验能够对无关变量充分估计到，并做到完全控制。

（四）根据实验对象的分配方法，分为单组实验、等组实验和轮组实验

1. 单组实验

单组实验指的是同一组被试分期接收施加不同实验因子的影响，然后测量不同因子产生的效果并加以比较。例如两种教学方法实验在一个被试中进行。这是一种最基本、最常用的实验模式，适用于教师在自己任教的班级开展实验。

2. 等组实验

等组实验指的是两个或两个以上的小组作为被试，施以不同实验因素的影响，然后对不同因素的实验效果进行比较。等组实验法要求的最重要的条件是各组必须尽量均等。等组实验由于设置了对照班，便于对照比较，有效地避免了单组实验中被试在成熟、经验迁移、学习速度、学习阶段性差异和测验量表不等值等方面对实验结果的干扰，因而使实验有了更高的效度。

3. 轮组实验

轮组实验又称循环实验，是把几个实验因素循环施加于几个不同的实验组，按照各实验因素变化的总和来判定实验结果。这种实验可以增加结果的效度，不必等组，减少麻烦。这种实验结果比较可靠，但组织起来比较复杂。

四、教育实验的意义

（一）有利于教育理论的发展

实验法的突出特点是研究者能够主动干预研究对象，通过操纵自变量、控制无关变量、测定因变量而进行变量之间的因果分析，可以检验现有教育理论和观点的科学性和先进性；另外，教育实验可以深化、改造或发展国内外一些比较先进的教育理论和方法；此外，教育实验还可以验证新的教育理论假设，有利于创造新的教育理论。

（二）促进教育改革的深化

教育实验法通过探讨教育现象的特点和规律，能直接促进教育改革的深化，提高社会效益。教育实验还可以为解决教育实践活动中的现实问题提供理论依据，为改进教育实践提供最优化的互动策略。

（三）提高研究人员的素质和能力

教育实验要求研究者提供理论假设、主动干预研究对象、努力控制无关变量、准确测定因变量、科学总结实验结果等等，这一切都对研究人员的素质与能力提出很高的要求，促使他们认真学习、刻苦钻研，提高实验技术，充分发挥主观能动性。另一方面，实验的成功又将促使研究者提高从事教育改革实验的积极性，形成良性循环。

第二节　教育实验研究的基本要素

进行实验研究需要通过设置、操作、控制一些因素，来观察另外一些因素的变化。因为这些因素是随着条件、情景的变化而在数量或类型上起变化的，所以称为变量，这是实验方法论的一个术语。可以说，教育实验的基本结构是由操纵自变量、控制无关变量、观测因变量三个相互联系的部分构成的，也就是说，教育实验涉及三个基本的要素：自变量、因变量和无关变量。

一、自变量

自变量是研究者掌握并主动操作，能够促使研究对象变化的变量，在教育科研过程中具体表现为研究人员所采取的改革措施。这是研究者设置或加以改变的客观条件，是研究者呈现给被试的刺激量。例如改变教学方法、改变考核方式、变革评价方式、增加社会实践活动等，通过这些条件的设置或改变，来看是否引起某方面教育、教学效果的变化，从而获得对教育、教学改革方面的某些规律性认识。

二、因变量

因变量是指因自变量的变化而发生变化的有关行为、因素或特征，它是研究的结果，是研究者在教育研究中需要观测的指标。这是一种对自变量的刺激做出反应的一种结果变量，因而因变量必须具有一定的可测性。在教育实验中，因变量往往与被试者身心发展的水平、程度、状况有关，如对知识的掌握水平、能力发展、思想品德的发展程度、情感的发展、教学质量、学校效能等。对于小学教育科研而言，因变量可以是一个，也可以是多个。

三、无关变量

无关变量是自变量与因变量之外，但可能影响研究结果，对实验可能起干扰作用的因素，又称非实验因子或无关因子。这是在实验中加以控制的因素，如果不加以控制，就会造成人们对实验结果的怀疑。如在“几种不同小学语文教材的比较实验”中，教材之外的教师水平、工作态度、智力水平、学生原有基础、家庭辅导、学习时间等一切可能影响教学效果的因素都是该实验中的无关变量，它们会干扰自变量和因变量的对应关系。如果研究者能有效地控制这些无关变量，研究结果就会比较明确、可靠。

第三节 教育实验研究的设计

一、提出研究问题，设计研究假设

（一）确定研究课题

教育实验的过程是提出问题、解决问题的过程，也就是说，教育实验要立足于已知去探求未知。问题的提出很重要，即通常所说的选题是教育实验的起点，是教育实验关键的第一步，它对于整个实验能否顺利开展、实验的成败、实验成果的大小都具有十分重大的意义。结合新课程的理念，小学教师要注意选择那些在理论上和实践上有重要意义的问题，特别是对实践具有较大指导意义的问题作为课题。例如《小学低年级语文“活动化阅读教学模式”研究》《小学语文阅读教学课堂自主参与模式与方法研究》《体验性作文教学研究》等都对当前的教育教学改革有很大的推动作用。

（二）设计研究假设

1. 研究假设的涵义

实验课题要有明确的实验假设。研究假设，就是根据已经掌握的一些事实和原理，对研究中因果关系的表述、对所要解决问题的结果所做的猜测。这种猜测是以有关的事实材料和科学理论为基础的有根据的推测，是对所研究问题的本质和规律提出的初步设想，而这种设想尚未得到确切可靠的证实，需要通过实验研究加以确认或推翻。假设能够使实验研究的方向与范围更加集中，为实验的实施与资料的搜集整理指出方向。

2. 研究假设的要求

（1）研究假设的标准

研究假设具有比较复杂的内容结构。国外有的学者指出假设应达到如下四个标准：

第一，能说明两个或两个以上变量间的期望关系；第二，研究者应有该假设是否值得检验的明确的理由，这一理由是有理论的或事实的依据的；第三，假设应是可检验的；第四，假设应尽可能地简洁明了。

《创造性思维与个性教学模式的实验研究》中提出的假设是：使用由10种教学方法（矛盾法、发散与集中法、定势打破法等）构成的创造性思维与个性教学模式，在培养和发展学生的创造性思维品质和个性品质方面，比常规的教学方式方法效果好。

《小学数学开放式课堂教学研究》的研究假设包括：① 形成具有一定区域内推广价值的开放式课堂教学模式。② 促进教师教学方式的变革，使课堂教学方式呈多元化趋势。③ 形成一支观念新，具有一定专业理论知识和实践技能的科研型骨干教师队伍。

《小学数学分组合作学习的实验研究》的研究假设是：通过构建“分组合作学习”的教学策略，并进行有效的实施，能促进学生素质的全面发展。

（2）研究假设的基本要求

好的研究假设是教育实验的灵魂。通常来说，一个好的研究假设应符合以下基本要求：

① 科学性。研究假设的形成要有两个重要的依据，一是科学理论，这主要是因为两者之间往往存在着未被人们察觉的内在的必然的密切联系。如赞可夫的教育实验，就是奠基在维果斯基的教学与发展理论之上的。他的理论假设是："建立一种教学结构，可以有力地促进学生的一般发展"。另外，客观事实是假设的另一依据，也就是说，科学的假设，必须以一定的客观事实为依据，而不能与已知的客观事实相违背。最后还要明确一点的是，假设的核心概念要具有严格规定的含义，具有好的概括度和清晰度，且理论体系结构严谨合理，条理分明，逻辑上无矛盾。

② 预测性。假设是用来指导科学研究的，是研究者希望出现的研究结果。假设同时也是未经过实践检验的结论，尚存在疑问的思想形态。因此，假设不得不带有推测和假定的性质，还有待于实践证实。因而假设本身是科学性和推测性的统一，确定性与不确定性的统一。

③ 明确性。假设不是经验事实的简单堆砌，而是由概念、判断、推理构成的逻辑体系。因此，假设的表述要清晰，界定要准确，要以叙述的方式说明两个或更多量之间可期待的关系，不能含糊其词、模棱两可，或者带有歧义性与多解释性。

④ 可检验性。教育研究的假设是对教育事实或现象间的关系所作的推测性假定，而研究目的是要验证这种推测的正确程度和可靠性，因此，假设必须是可检验的，一个不可检验的假设是没有科学价值的。

检验假设的可检验性通常有：第一，推理检验。即从假设的基本观点出发，引申出关于某些事实的结论。研究者可以用同类事实进行验证，看这些事实能不能被假设解释清楚。第二，实践检验。即通过研究过程来进行验证。

3. 怎样形成研究假设

假设的形成思路主要有：

（1）归纳式

主要侧重从学校的实际工作出发，对已有的教育教学经验进行归纳、筛选、分析，提出切实的教改实验设想。如《实践、体验——小学数学体验学习研究》中，通过分析，归纳出该实验的研究假设是："在数学课堂教学中，如果以学习材料的'生活化'为前提，以'实践操作'为主要方式，以'合作交流'为有效途径进行教学，那么学生在获取知识的同时将逐步获得探索与创造的感性经验，形成初步的探索和解决问题的能力。"

（2）演绎式

侧重从教育科学或其他相关学科理论出发，通过理性思辨，派生出一些新的教育哲学观念、教学改革思想，并具体化为教改实验的措施。我国的许多教育实验假设便是从心理学、脑科学、系统论原理中引申出来。如根据人脑科学研究关于左右半脑功能互相联系以及大脑潜能的最新观点，演绎出让儿童言语符号学习与动作形象学习交替进行，促进左右脑协调发展的研究假设。

上面所提到的两种思路是密切联系、缺一不可的。当然，一个好的有价值的研究假设的提出是要经过一个过程的，需要研究者在研究过程中不断修改、完善。

二、制订实验研究方案

（一）选择实验方法

方法的选择将直接影响实验结果的可靠性与说服力。因此，研究者要根据课题的假设，结合实验的主、客观条件，选择某种方法进行实验，也可以以某种方法为主，综合运用各种方法。

在教育实验中，常用的实验方法有下列三种：

1. 单组实验法

（1）实验程序

单组实验法是指对同一组被试前后施加不同的自变量，施加前后各进行一次测试，然后通过比较因变量前后测试结果，从而判断因果关系的实验。其实验程序可用如下公式表示：

被试→前测1→施加自变量1→后测1

被试→前测2→施加自变量2→后测2

如果后测1＞前测1，则说明实验因素1有效果；如果后测2＞前测2，说明实验因素2有效果；如果后测2＞后测1，而前测1=前测2，则可说明实验因素2的效果更好。

（2）优缺点

这种实验，不必打乱原有的班级建制，只需一组被试即可，简单易行；由于整个实验都是在一组被试内进行的，所以教师、学生、环境等因素都是相同的，避免了被试间差异对实验结果的影响。控制无关变量的难度大大下降，为实验工作带来了许多便利。但是，单组实验法也存在明显的缺点：

① 很难克服时序效应的影响。在实验过程中，被试随着时间推移在不断地生长和发展，随着其自然成长，他们在实验前后的学习能力会发生变化，必然会影响实验效果。由于这种时序效应的存在，研究者很难确定实验效果是学生自然成长的结果，还是实验因素作用的结果。

② 前一次实验对后一次实验的影响。因为两次实验都是在同一组对象内进行的，被试在第一次实验中获得的知识技能可能会对后一次实验结果产生影响。

③ 前后两次测验的难度往往难以完全相同，给两个实验因素的效果比较带来了较大的困难。

2. 等组实验法

（1）实验程序

等组实验法是指对两个或两个以上等质的被试组，施加不同的自变量，然后因变量的测试结果进行比较，从而判断因果关系的实验。其基本程序有两种：

① 只有一个自变量

实验组→前测1→实验因素→后测1

对照组→前测2→沿用常规→后测2

首先将被试分成两个水平相等或基本相同的两组，通过前测1与前测2是否相等可以判断两组水平是否有差异；然后在实验组施加实验因素，而对照组沿用常规教学法，一段时间以后进行后测。通过后测1、后测2的比较就可判断分析实验因素与实验效果之间的因果关系。如果前测1=前测2，后测1＞后测2，则说明实验因素有效果。如“计算机辅助语文教学实验”，实验前，经过前测选取两个相同的被试组，在实验组被试中采用计算机辅助语文教学，对照组被试中采用传统的常规教学法，一段时间后，分别对两组被试进行后测，如果实验组同学的语文成绩优于对照组同学的语文成绩，则认为计算机辅助语文课堂教学有效果。

② 有两个自变量

实验组1→前测1→实验因素1→后测1

实验组2→前测2→实验因素2→后测2

如果后测1＞前测1，说明实验因素1有效果；如果后测2＞后测1，则说明实验因素2有效果；如果前测1=前测2，后测2＞后测1，就可认为实验因素2的效果优于实验1的效果。

（2）优缺点

等组实验法的优点是：① 避免了实验因素之间的相互影响。因为两个实验因素是分别施加于两组不同的被试，他们之间不会相互干扰，克服了单组实验中前一实验因素的作用对后一实验因素的影响。② 外界情况等无关因素对实验结果的影响可以相互抵消。因为两组被试处于相同环境条件下，环境变化对两组的影响是一致的，可以相互抵消。而且两组被试都在自然成长和积累经验，也避免了单组实验法中时序效应的影响。③ 测验量表不易影响实验结果。由于两组被试前测、后测可以运用同一种测验，即使前测与后测量表不等值，但它们对两组被试的影响是相同的。④ 实验周期较短。正因为等组实验具有上述优点，所以被实验研究者广泛采用。

然而等组实验法也有其缺点：① 很难找到两组完全等同的被试。就像找不到完全相同的树叶一样，每个人的遗传素质、家庭环境、学习能力、兴趣爱好等心理特征都存在差异，研究者很难做到实验对象的随机分配。② 实验分组困难。为了尽量得到两组情况基本相同的被试，就需在给被试分组时尽量选择科学合理的分组方法。

因此，在等组实验过程中，研究者一定要注意：① 为分组而进行的前测量表的选择或编制必须符合实验目的和实验因素的要求。② 若采用随机分组法，应使两组被试人数相等，以避免因人数不均，造成两组被试每个成员受教育机会不均等。③ 应尽量控制无关因素的干扰（或使除实验因素外的其他因素）对两组的被试作用都相同。

3. 轮组实验法

（1）实验程序

轮组实验法是把各实验因素轮换施于各组被试，然后根据每个实验因素所发生变化的综合来决定实验的结果。其实验基本程序如下：

第一轮：

实验组1→前测11→实验因素1→后测12

实验组2→前测21→实验因素2→后测22

第二轮：

实验组1→前测11/→实验因素2→后测12/

实验组2→前测21/→实验因素1→后测22/

实验变量1发生的总和D1=（后测12+后测22/）–（前测11+前测21/）

实验变量2发生的总和D2=（后测22+后测12/）–（前测21+前测11/）

实验效果D=D1–D2

当D>0时，可说明实验因素1的效果好；当D=0时，说明两个实验效果相当；当D<0时，则可认为实验因素2的效果更好。

（2）优缺点

轮组实验法的优点非常明显：① 不需设立完全相同的等组，对被试分组的要求大大降低，避免了等组实验中随机分配被试的困难。② 对无关变量的控制要求降低。因为轮组实验中无关因素的影响共同作用于前后两个实验因素。如试比较甲、乙两种教材谁优，采用这两种教材的实验班的学生家庭环境、努力程度、兴趣爱好、教师的教学水平等都是与实验目的无关的变量。在循环实验中，教师、学生等无关变量的影响对各个实验组大致是相同的。③ 实验的精确度提高。在轮组实验中，各实验因素都在不同的组内各实行了一次，因而也就减小了实验误差，提高了实验的效度和信度。

但是，轮组实验增加了实验次数，延长了实验时间，实验的周期较长，且每个实验者都要掌握两个实验因素的实验内容，包括其操作程序、教材、教法等，难度较大。同时，也给最后的测量与实验结果的统计核算增加了困难。

上述三种实验方法各有各的优缺点，研究者可根据研究需要和条件选择适当的方法进行研究。

（二）确定研究对象

选择确定研究对象是实验研究过程中非常重要的一环，尤其是等组实验法。在选择实验对象时，研究者首先要根据实验课题的需要。教育实验无需对研究总体进行实验研究，只需从中抽取部分个体作为实验对象，即可从实验结果中推断出总体特征。这一推断的可靠性依赖于对实验过程的控制，也在很大程度上依赖于样本的代表性；而样本的代表性又依赖于样本容量和抽样方法。

（三）确定实验时间、场所、范围、材料和人员

实验时间一般指实验开始到实验结束所需的时间，也称实验周期。要根据实验课题的内容、规模而定。一般的教学方法的实验大多以一学年或一学期为一个周期，“九年一贯制学制实验”以九年为一个周期。有些简单的实验，也可以以几周或几节课为一个周期。

实验场所的选择和范围的确定不容忽视。实验场所是指安排在什么县市、学校、班级进行实验，实验范围指选择几所学校、几个班级进行实验。为使教育实验具有更大的推广价值，一般应选择普通学校、班级进行实验。一些有特殊要求的实验，如计算机辅助教学的实验，可以选择办学条件比较好的学校进行。实验的范围也要根据课题的要求和实验的主客观条件来确定。一般实验都先选取某一学校某一班级为实验点，随着条件的成熟，可逐步增加实验点，逐渐将一些实验点联系起来，互通信息，形成具有一定辐射范围的实验区，再在实验区的基础上，形成教育实验网，取得实验研究的整体效益。

实验过程中免不了使用闭路电视、计算器、电脑等仪器，以及登记表、统计表、测量材料。这是实验顺利实施和结果科学性的物质保证。

实验人员是具体实验过程、实验材料的实施者。一般应由专业的研究人员和实验教师两部分组成。通常是由专业人员提出实验课题，设计实验方案，由实验教师具体操作。对于简单的小课题或科研能力较强的教师，也可同时兼有研究者和教师的双重角色。因此，实验教师在实验研究中起着关键作用。他不仅是教育者，也是实验者，更是作为实验变量之一去参与实验过程。因此，要选择热爱教育科研，具有实事求是的科学态度、艰苦奋斗、吃苦耐劳的精神，有一定的科研能力的教师作为实验人员。

（四）明确实验中各种变量及其测定与控制方法

教育实验涉及的变量有自变量、因变量和无关变量。

1. 自变量的确定及解释

自变量是实验人员施加和操纵的实验因素，是另一个变量变化的原因，又称实验的原因变量。例如：要验证应用直观教学法对提高教学效率的作用。这一实验的自变量就是直观教学法。自变量确定后，要赋予自变量以可操作性的定义，将其具体化、可操作化。这是操纵自变量的关键。如江苏省常州师范学校第二附属小学开展的“小学开放式作文教学的实验”，其自变量就是开放式作文教学形式。开放式作文教学形式的可操作性定义包括作文内容的开放、作文形式的开放、作文批改的开放等三个方面。其中作文内容的开放包括：（1）走向大自然，向大自然索取；（2）走向社会，向社会收集；（3）丰富学生课余生活，积极组织学生开展各种活动；（4）精心布置教室，使教室成为大自然和社会的缩影；（5）举行“所见所闻发布会”。作文形式的开放包括：（1）把作文“书信化”；（2）把作文“日记化”；（3）把作文“稿件化”；（4）把作文“征文化”；（5）把作文“演讲化”；（6）把作文“表演化”。作文批改的开放包括：（1）师生共同讨论批改；（2）学生间互改；（3）教师创造机会，让学生发表意见。

总之，自变量越具体、可操作性越强，实验措施越易施加到被试身上，就越能取得较好的实验结果。

2. 明确因变量及测定

因变量是指自变量作用于实验对象后所产生的结果，是实验的结果变量。因变量确定后，科学地观测因变量的变化是教育实验成功的一个关键。首先要明确从哪些方面观测因变量的变化；其次，要明确测定因变量的方法。如林崇德教授主持的“小学生运算思维品质培养的实验研究”，因变量为思维品质。思维品质是在个体的思维活动中智力特征的表现。在小学儿童数学运算中，突出的思维品质是敏捷性、灵活性、深刻性和独创性四个方面。实验过程中，实验人员通过抓练习速度、教给运算要领与方法来培养思维的敏捷性，通过一题多解、一题多变来培养儿童思维的灵活性，通过培养儿童数学的概括能力、数学命题能力和空间想象力培养儿童思维的深刻性，通过鼓励儿童独立思考、提倡新颖性、抓自编应用题等培养思维的独创性。那么通过哪些指标来评价思维的这四个品质呢？林教授课题组的做法是：（1）测定思维的敏捷性：以速度和正确性为指标。通过给定一定数量的习题，记下每个被试完成的时间和正确率；给定一定时间，统计完成率等方法来测评。（2）测定思维的灵活性：以一题多解、一题多变的变化数为指标。（3）测定思维的深刻性：以完成数学概括能力、空间想象能力、数学命题能力、推理能力、运用法则能力等五个方面的逻辑抽象试题的成绩为指标。五个方面分别有具体指标。（4）测定思维的独创性：以自编应用题的数量为指标。根据上述指标编制大量的试题，经过多次筛选，经过信度、效度的测定，最后确定小学儿童思维品质的测定题目。

总之，因变量的指标要尽可能具体，这是因变量能正确测定的关键。

3. 控制无关变量

无关变量是指除实验因素外有可能影响因变量的一切变量。无关变量有很多，有人将它归为7类，即经历特殊事件、实验期间被试成熟的影响、被试受前测影响、被试取样不均、被试中途流失、主试测评标准不同、主试统计错误等。例如实验教师与实验对象的实验情绪、实验者与实验对象的努力程度、实验教师的教学水平、实验对象的认知水平，以及实验对象的性别、年龄、实验环境等都有可能成为无关变量。具体到不同的实验，无关变量又有所不同。如在教法实验中，自变量是教学方法，而教材、教师的教学水平与教学态度、学生的学习能力与知识水平、家庭环境等都可能影响教学效果，但非实验因素。因此，它们便成为该实验的无关变量。在教材实验中，教法便成为一种无关变量出现在实验中。

三、实验研究的具体实施

教育实验方案制订后，根据实验方案，有目的、有计划地对被试施加实验因素，控制非实验因素，测验被试并记录实验情况等一系列工作过程就是实验的实施，是整个实验过程的实质性阶段。实验实施得如何直接影响了实验的结果。因此，实验者在实验过程中，要做好实验的前测、实验的分组、实验情境的控制、实验的后测、实验的记录等五项工作。

（一）实验的前测

实验的前测是指在实验前为了了解被试的某些特质的现有水平而进行的测验。它既可以了解被试在实验前的水平，以作为等质分组的依据，更用以和后测水平的比较，以确定实验因素的效果。

依据不同的分类标准，人们可以把实验前测进行分类。

根据一个实验中前测项目的多少，可分为单项前测和多项前测。

按一项测验所测特质的多少，可分为单质前测和综合前测。单质前测是指一项前测只能测出被试的一方面的特质。综合前测指一次前测能够测出被试多方面特质。

按前测的内容可分为学科测验、智力测验、特殊能力测验和人格测验等四种。

1. 学科测验

指测量被试的学科知识和技能的测验。如常识测验、地理测验、数学测验、语文测验。

2. 智力测验

指测量被试的观察力、记忆力和分析、判断、推理等思维活动能力的测验。如迷津测验、推理测验、填图测验、一般智力测验等。

3. 特殊能力测验

指用来测验被试的音乐、绘画等特殊能力的测验。如音乐能力测验、绘画能力测验、舞蹈能力测验等。

4. 人格测验

指用来测量被试除智力以外的各种心理特征的测验。如意志测验、性格测验、气质测验、情感测验、品德测验等。

研究者可自行编写测验题，也可选择已被他人广泛采用的标准化的测验题。但在进行测验时，要注意以下几点：（1）要根据实验目的，测出实验所研究的被试的特质。如“小学语文注音识字提前读写”的实验，目的是想验证注音识字提前读写对小学生语文识字能力的作用。因此，该实验的前测应测验被试的语文识字能力。（2）前测要尽量采用标准化测验，使测验结果更加客观、真实。（3）前测人员要尽量避免一切偏向的发生，不能给被试提供任何暗示。（4）防止被试作弊，影响实验的真实性。

（二）实验分组

在前测的基础上，研究者要根据实验的要求按照一定的方法把被试分成若干等质组。为了尽量将被试分成相等的组，研究者可采用以下方法分组：

1. 随机分组法

即采用随机取样法将被试分成几个相等的组。随机分组法较简便易行，但它要求只有在被试具有足够的数量时才能采用。而且所分各组之间相等的程度不如其他分组法高，又缺乏分组的定量指标。所以，在对被试组相等程度要求较高的等组实验法中一般不采用。在对被试组水平相等要求不太高的轮组实验中，或被试数量足够多时，随机分组不失为一种方便易行的分组法。常用的随机分组法有抓阄法（或抽签法）、使用随机数目表法等。

2. 测量分组法

要保证各被试组有较高的相等程度，可采用测量分组法。根据被试的前测成绩，将被试分成若干相等的组。由于这种分组方法所依据的前测是关于实验研究特质的测验，因而能够保证所分各组在实验所研究的特质上基本相等。具体步骤如下：

第一步：对被试进行前测。

第二步：按照前测成绩，将被试按一定顺序排列。

第三步：根据被试排列顺序，将被试分成若干相等的组。在分组时，可采用下列方式进行。

如果要将被试分成两组，其方式为：

第一组：1、4、5、8、9、12、13、16……

第二组：2、3、6、7、10、11、14、15……

如果将被试分成三个组，其方式为：

第一组：1、6、7、12、13、18、19……

第二组：2、5、8、11、14、17、20……

第三组：3、4、9、10、15、16、21……

依次类推。

第四步：检验所分各组是否相等。检验时，要将各组的集中量数（主要是均数）、差异量数（主要指标准差）进行比较。如所分各组均数相等、标准差相同，就可认为各组是相等的，否则就要调换个别被试使之均衡。

3. 匹配分组法

指实验者按照一定的标准，对全体被试进行全面考察，将几个各方面情况基本相同的被试分别分配到不同的被试组。由于每次分配到各组的被试是相等的，所以，所分各组也是相等的。虽然匹配分组法能够保持各被试组多方面特质的相等，但运用起来较复杂，费时费力。具体步骤为：第一步：对实验对象逐个进行多方面的考察，必要时还要进行测试；第二步：根据考察情况，将情况相同或相似的被试放在一起，形成若干个小组。第三步：根据实验要分的组数，将等质的被试平均分配到各组中。

（三）控制实验情境

所谓控制实验情境就是指实验者根据实验目的和要求，有效地消除、均衡或排除无关变量的干扰的过程。教育实验过程中的无关变量有很多，概括起来大致有两类：一类是随机性无关变量；一类是恒定性无关变量。

随机性无关变量通常是随机出现的，毫无规律性，其对实验结果发生的影响也是随机的，有时是积极的影响，有时是消极的影响。如天气的冷暖、阴晴的变化会引起教师、学生心情的变化，学生的睡眠和饮食状况、临时停电等偶发事件等都属随机性无关变量。这类随机性无关变量有的是可以控制的，有的则很难控制。大量的随机性无关变量是很难控制的，对于可控制的随机性无关变量应尽量控制。

恒定性无关变量是指自始至终以同样的性质影响实验的因素。如实验者的偏向将贯穿始终，致使实验结果不够客观、科学。所以，对恒定性无关变量要严格加以控制。

通常情况如下，教育实验情境的控制有以下几种基本方法：

1. 消除法

指在教育实验过程中，采用一定措施，设法排除无关变量的发生，例如，用单向玻璃屏避免外界干扰、采用行政手段确保被试不中途流失等，使实验情境得到纯化。比如，在比较两种教学方法效果的实验中，实验教师对被试的偏向，可能造成被试学习成绩的差异，这是一种影响较大的无关变量。为了控制这一无关变量的影响，实验者可以选择比较客观公正的教师担任实验教师，制订详细的实验教师准则，对实验教师进行监督等，来避免这一非实验因素的影响。此外，还要注意避免“亨利效应”，即对照班的教师不恰当地扩教或模仿实验班的实验措施，导致实验班与对照班的区别模糊，难以验证和确认假设。

2. 平衡法

所谓平衡法就是指在实验过程中使某一个或几个非实验因素在几组被试中产生相同的影响。

等组实验法就是运用平衡法来控制非实验因素的一种实验方法，因为这时被试者的身心自然成熟，对实验组与控制组而言，机会是均等的。又如两种教学方法对学生成绩的影响，应做到教师教学水平一致、教学态度一致、教材一致、教学内容一致、被试水平一致、前后测难度一致，使无关变量对两组被试的作用一样，从而有利于做出准确的归因分析。

3. 抵消法

即在实验设计时，使实验组与对照组彼此相等，克服“时序效应”。时序效应指当实验变量是两个或以上时，两个变量处理的前后顺序不同，结果也不同，因而造成对实验效果的影响也不同。而采用轮组实验法就可使时序效应对几个被试组产生相同的效应，从而相互抵消。例如“录像与幻灯在小学低段语文教学中的效果的比较实验”，自变量是录像与幻灯这两种不同的直观教具，不妨分别称之为A、B，则可在两个实验组进行“ABBA”式的轮组实验，即实验一组先A后B，实验二组先B后A，然后比较自变量A施加于两个实验组的效果之和与B施加于两个实验组的效果之和的大小，即可得出实验结论。

4. 统计控制法

控制统计过程，减少统计误差。研究者要合理选择统计工具或量表，对无法控制的无关变量，则在实验结束处理数据时，采用分表法、协方差分析法等现代统计手段进行控制。

5. 盲法

指不让参与实验的被试者（有时甚至包括实验教师）知道，使实验在比较自然、真实的情境下进行。大量的实验证明，一旦实验对象知道自己在参与实验，就会激起一种“实验情绪”，这种情绪会产生“霍桑效应”。等实验结束，一切就恢复正常，原来振奋的精神也随之低落，成绩大不如从前。因此，理想的做法就是不让学生知道自己在参与实验，这称“单盲法”；有的实验甚至不让实验教师知道，这叫“双盲法”，以克服“期望效应”。期望效应是指主试被告知被试具有潜在能力和较大发展的可能性，而不自觉地对被试表现出特别的关注与期望，促进了被试的发展水平。这也影响了自变量与因变量间直接地归因分析。

例如有人曾设计这样的实验：选择100名智商相当的学生，其中20人为实验组，80人为对照组，均等分布在两个班，告知教师实验组的智商高于对照组。经过8个月的教学后进行测试，发现实验组的智商真的高于对照组。这就验证了期望效应的成立。双盲法在很多实验中却很难做到。因为，一项实验需要很多人参加，很难保证所有的人不泄露实验秘密。所以，双盲法也并不能绝对地控制所有非实验因素的影响。

（四）实验的后测

后效测试是指在施加自变量影响后，测定实验所研究的特质的现有水平。通过后效测试，可以了解被试在自变量的影响后，特质水平的变化；并且通过后效测试与前期测试的比较，可以求出被试的实验特质在实验前后所引起的变化量，从而判断自变量与因变量之间的因果关系。要强调的是，后效测试一定要与前期测试是同一特质，并且后效测试与前期测试的效度、信度、难度、区分度等要保持一致，否则就无法进行科学的比较。例如，“解题思维策略训练提高小学生解题能力的实验研究”，因变量是学生解应用题的能力，后效测试与前期测试的试卷要求具有等值难度。

（五）实验的记录

实验记录的内容可概括为两类：一类是数据材料，主要指实验班、对照班的人数，前测、后测的成绩以及其他有关的数字资料；另一类是事实材料，主要指实验进行的过程、实验中出现的问题、被试在实验因素或非实验因素的作用下发生的变化，以及实验教师的行为表现等。

对于不同的材料，要采用不同的记录方法。数据资料主要用表格记录。一般说来，实验者在实施实验方案时要拟订一些记录实验数据的表格。对于事实材料，主要通过文字记录，要及时记录，也可采用录音、摄影、录像等现代技术手段记录实验材料。

实验者在记录实验材料时要注意：一要客观真实、二要全面记录、三要养成观察和记录的习惯，一天一小结，对需改进的问题及时提出整改措施。

【参考案例】

略

◆ 小学教育资格证考试历年真题 ◆

根据实验目的的不同，可将教育实验分为（　　）。

A. 定性实验和定量实验

B. 实验室实验和现场实验

C. 前实验、准实验和真实验

D. 探索性实验、鉴别性实验和验证性实验

解析：本题考查实验法的类型。按照教育实验的目的，分为了探索性实验、鉴别性实验和验证性实验。D项正确。

A项：按实验中变量间的质与量关系及实验效应指标的观测特征，可分为定性实验和定量实验。与题干不符，排除。

B项：按照实验场地，分为了实验室实验和现场实验。与题干不符，排除。

C项：根据实验控制的程度，分为了前实验、准实验和真实验。与题干不符，排除。

故正确答案为D。

第十章　个案研究法

【学习目标】

1. 了解个案研究法的概念及特点。
2. 了解个案研究的分类。
3. 掌握个案研究的实施步骤。
4. 掌握个案研究的方法。

第一节　个案研究法概述

在小学教育科学研究中，我们有时需要对一些特殊的学生进行研究，比如超常儿童、自闭症的孩子、学困生等，或者我们要实现因材施教的教育理念，于是个案研究就成了一种很合适的研究方法。

一、概念

个案研究法是对某一个体、某一群体或某一组织在较长时间里连续进行调查，从而研究其行为发展变化全过程的研究方法。个案研究中常用的研究方法主要有跟踪法、追因法、临床法、产品分析法和教育会诊法。

二、优缺点

（一）优点

1. 典型性

所谓典型，就是能集中、全面反映同类事物的共同属性或事物发展趋势的特殊个体。典型可区分为一般性典型、特殊性典型、全面性典型、先进典型、落后典型等。个案研究的典型性就是要通过对该个案的调查研究，找到它与同类事物共有的一般规律，通过个别认识一般，实现从个别到一般的飞跃。

2. 个别性

个案研究的对象是个别的，但不是完全孤立的个别，而是与其他个体相联系，是某一个整体中的个别。因而，对这些个别现象的研究必然在一定程度上反映出其他个体和整体的某些特征和规律。当然，要正确处理好个别与一般的关系。个别虽然可以反映某些一般的特征，但个别毕竟不等于一般。个案研究取样较少，其研究结论的代表性也就较低，因此不宜机械地推广到一般中去，需要谨慎地思考和分析，以免犯以偏概全的错误。此外，作为个案研究对象的个别，应该具有与众不同的典型特征，不具有典型性的个别，显然没有多少研究价值。

3. 深入性

个案研究的对象是一个人、一件事、一个机构或一个团体，具有相对单一性，只要抓住一两个典型就可以研究。但对这样的典型应该在时间和空间上做多方面的、深入持久的研究。研究的时间范围可以是研究对象的过去、现在，直至追踪到将来，这是一种纵贯性的深入研究。由于教育现象的复杂性以及教育周期长等特性，在较短时间内很难看出问题的实质性的变化。因而，对被试进行深入持久的追踪研究是个案研究的另一特点。

4. 研究情境的真实性

小学教育科学研究中的个案研究的对象往往是真实存在的，是与教师朝夕相处的学生，研究者了解他们，易于与他们推心置腹地交流沟通，便于随时收集到研究所要的真实资料。

5. 研究方法的综合性

个案研究需要对研究对象进行深入的、多方面的了解，如对一名学困生的研究，就需要研究这位学生的学习动机、情感、兴趣、性格、习惯等，这就需要运用多种研究方法，比如观察法、访谈法、甚至实验研究法进行测量和统计等。

（二）局限性

虽然个案研究的适用性比较强，易被广大教师所用，但也有其局限性，主要表现在以下方面：

1. 代表性差

由于个案研究的对象数量较少，其代表性受到影响，因此，难以从个案研究中得出普遍性的规律和结论，而且依据个案研究得出的研究结果的适用性也常被人怀疑。

2. 可靠性差

个案研究中的个案追踪需要较长的时间，需要研究对象的长期合作，部分研究对象的流失也会给研究带来一定的影响，因此其研究结论的可靠性常常被削弱。

3. 难以标准化

个案研究一般只能揭示对象的类型特征，常常是定性的分析，缺乏坚实的理论基础，其分析的方法也难以标准化，容易得出主观的、不精确的结论。

三、个案研究的类型

根据研究对象的不同，个案研究可以分为个人个案研究、团体个案研究和事件个案研究。

1. 个人个案研究

个人个案研究是指以某个特殊的个体为研究对象，在教育科学研究中则主要是指对某个学生或教师进行的研究。

2. 团体个案研究

团体个案研究是以学术团体、群众组织团体等为个案研究的对象的研究。

3. 事件个案研究

事件个案研究是指以非一般的事件，或不同于同类事件为个案研究对象的研究。

四、意义

（一）个案研究有助于因材施教的实施

个案研究是因材施教的基础。因为它涉及的人与事较少，教师有条件对个案的方方面面进行细致的研究，便于掌握个案的全面情况。同时，个案研究可以对研究对象进行几年甚至更长时间的追踪研究，便于掌握个案的动态。教师只有在对个案全面了解的基础上才能提出具有针对性的教育措施，才能因材施教。

（二）个案研究是很适合一线教师使用的研究方法

由于教师的主要时间和精力还是放在教学和教育工作上，因此，虽然教师也是教育研究者，但开展大规模的教育调查或控制严格的教育实验，还是有一定困难的，而个案研究的对象少，研究规模小，同时个案研究一般都是在没有控制的自然状态中进行，也不需要在一段时间内突击完成。教师可以选取一两个典型的学生，结合教学、教育工作实践进行研究，而不需要经过特殊处理，不影响正常的教育活动。

（三）个案研究能够促进教师的自我反思

教师的自我反思有助于教师的专业成长。通过个案研究，可以帮助教师及时了解班级或年级的情况，及时收集到对自己的教育措施的反馈信息。通过对个案的辅导，还可以不断总结和评价一些积极的教育信息措施的实施经验与效果，从而得出对以后教育工作的有益启示。

（四）个案研究是提高基础教育质量不可缺少的研究方法

个案研究适用于具有典型意义的人和事的研究，对班上优秀学生和后进生的研究，对个别品德不良学生的研究，对某个学生采取特殊教育的追踪研究，对某个学生的心理问题和人格偏差的诊断研究等。这些研究，能够有效地贯彻面向全体学生、促进每个学生全面发展的教育方针，提高基础教育质量。

五、个案研究的注意事项

（一）遵循道德准则，切实保护研究对象的隐私权

个案研究针对的是一个典型的、特殊的、具体的研究对象，收集的资料又往往涉及对象的隐私和秘密。因此，在进行个案研究时，研究者务必恪守谨慎、道德的原则，否则，不但不能帮助研究对象摆脱困境，而且可能适得其反，给研究对象带来不良影响。

（二）排除主观干扰

典型个案的选择往往会受到研究者主观因素的干扰，因而不好把握；典型个案的典型性和代表性也只具有相对的含义，此时此地的典型换到彼时彼地就不一定是典型了。

（三）准备把握个案研究的适用范围

个案研究作为一种独特的研究方法，有严格的适用范围，其范围主要包括以下几个方面：一是学习困难或学业成绩不佳的学生；二是行为不良的学生；三是情绪不稳定或情绪反常的学生；四是人际关系不好的学生；五是智力超常的学生。

（四）不要轻易将结论推及总体

个案研究考察的毕竟只是同类事物的局部，其研究结果富有代表意义但不能代表全部，所以不能轻率地将结论推广到全体。

（五）尽可能确保所收集的资料比较完整、真实可靠

个案研究中，对原因的诊断是否正确、矫正指导措施是否有效，在很大程度上有赖于收集到的资料是否全面系统、准确可靠。资料不足或有误时，都可能导致研究结果的错误，使整个研究失去价值和意义。

第二节　个案研究的步骤

个案研究的步骤包括在各种现象中识别所研究的个体，对个案进行深入的调查研究，搜集有说服力的资料和数据，制订、改进、调整、指导的方案，通过跟踪研究验证措施的有效性等。

一、个案的确定

确定研究对象，即通常说的立案。确定研究对象的过程也是发现问题、提出问题的过程，这是一切科学研究的第一步。问题选得好不好，直接关系到整个研究成败和价值。因此，研究者应根据个案研究的目的和内容，以及对个案问题行为的界定，选择典型的人或事作为研究对象。

二、个案资料的收集

收集个案资料，就是收集有关研究对象的资料，这是个案研究的关键。全面系统的个案资料有助于研究者对个案的完整认识。为了更好地对确定的对象进行全面深入的研究找出问题的成因，就要对与个案有关的方面进行全面的了解。因为个案某一方面的突出和不同寻常的表现并不是偶然的，它除了自身的因素外，很大程度同其所处的现状，如同伴、教师、家庭、社会环境等有密切联系，所以广泛收集和个案在关的资料，有助于认识个案各方面发展的、平行的协同关系，有助于发现个案潜在的发展趋势。

一般地说，要收集的个案资料通常包括：

1. 研究对象的基本情况；

2. 与行为有关的资料；

3. 个体成长及健康资料；

4. 个体的教育资料；

5. 个体的心理发展资料；

6. 个体的家庭和社会背景资料。

三、个案资料的分析整理

个案资料收集完毕后，就要对所获得的资料进行分析整理，这是一项艰巨、复杂的工作，需要从以下几个方面进行：

1. 从主观上分析了解学生的内在动力，如世界观、人生观、价值观与行为及其结果的联系；

2. 从客观上分析了解学生的教育环境、社会环境、家庭等与学生的生理、心理以及学生的成长、发展存在哪些相适应和不适应的地方，并找出这些适应或不适应的矛盾关键之所在；

3. 从个案行为结果和各种现象形成和发展的过程分析了解影响个案的各种因素。

四、个案的指导

在分析的基础上，设计一套因材施教的指导方案并加以实施。拟定的指导方案应包括以下几个方面内容：

1. 根据研究个案的行为表现制订指导方案，确定指导方案所要达到的目标；

2. 指导方案的具体操作要求及措施；

3. 结果分析和追踪处理情况。

在实施指导方案时，要从营造优良的外部发展条件和引导研究个体积极进行自我调适两方面入手，通过有针对性的教育和矫正措施，使研究个体获得更充分的发展。

五、个案的追踪研究

由于个案研究所涉及的变量多，对象复杂且变化快，因此在施行个案指导措施以后，还要继续追踪研究，以检查用于指导的那些教育措施是否有效。若指导有效，特殊行为已经改正，个案研究工作就算告一段落；若问题没有解决，那就要继续进行研究，并重新检查各个研究环节是否正确，有无遗漏。

六、研究报告的撰写

个案研究的最后一个阶段是撰写研究报告。个案研究报告是个案研究的表现方式，通过个案研究报告可以了解个案的基本情况及处理过程。撰写个案研究报告，就是对典型案例的研究工作进行深度的思维、信息加工，进行反思和提高。一个规范的研究报告应包括：

1. 概述，主要包括介绍研究对象的基本情况；

2. 特殊表现的基本描述，主要包括研究对象的特殊表现；

3. 特殊表现的原因探索；

4. 分析与讨论，通过对所收集的资料的分析，对结果进行原因分析，这一部分涉及对研究对象进行具体的矫正辅导的措施、方法和过程；

5. 小结与建议。通过分析，得出一般性结论，然后提出一些针对性建议。

第三节 个案研究的方法

小学的个案研究可以根据研究目的、研究对象以及研究内容的不同，选择不同的研究方法。常用的个案研究方法有追因法、追踪法、临床谈话法、产品分析法、教育会诊法等。

一、追因法

追因法是由已经存在的结果，倒查探索导致结果的原因。追因法与实验研究法的方向正好相反。实验法是先确定原因，然后就此原因求取产生的结果。追因法是先有了结果，再去追查原因。如，某学生有躁郁症，如

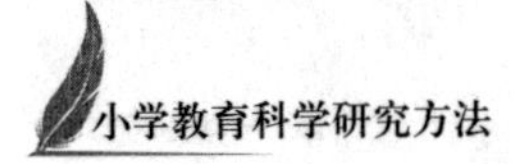

果我们要追溯这种表现的原因，就要使用追因法去倒查。

二、追踪法

追踪法是在一个较长时间内连续地追查所研究的对象，收集各种资料，揭示规律的方法。比如某家长对自己孩子的长期研究。

追踪法一般适用在以下情况的研究：探索发展的连续性、探索发展的稳定性、探索现在对未来的影响。

三、临床谈话法

这是一种主要通过谈话进行的个案研究。这种方法的适用范围比较广。谈话的方式可以是面对面的口头谈话，也可以是书面谈话，即问卷式谈话。

四、产品分析法

又称为活动产品分析法。通过这种方法，可以了解学生的能力、倾向、技能熟练程度、情感状态等；也可以了解教师的工作方法，可以看出教师是否贯彻了量力性、系统性、巩固性等教学原则。

在个案研究中，通常可以收集下列产品为研究对象，如反映一所学校的教育工作情况的资料；反映教师的教育、教学工作的资料；反映学生学习情况、能力发展情况、心理状态等资料。

五、教育会诊法

教育会诊法是通过教师之间进行集体讨论，就所研究的对象的行为做出鉴定，形成比较公正、公开、客观的结论的方法。由于它采用了集体的智慧，因而所形成的结论与其他方法所获得的结论基本一致，不会有大的出入。这种方法具有较高的科学性、是现阶段比较合理、有效的个案研究方法。

【参考案例】

你为什么不说话

——《非中心城区特殊家庭问题儿童教育个案的研究》案例分析

一、学生背景

一年前，我接触到了一个“坚决不说话”的孩子，他叫小睿，身体瘦瘦的，他喜欢独来独往，虽然才 8 岁读小学二年级，却一副心事重重的模样。小睿来自非中心城区家庭，他父母离异，由母亲抚养，母亲望子成龙心切，但因为文化程度不高，家庭教育偏向简单粗暴。

二、问题概述

提起小睿，科任老师们都唉声叹气，充满挫败感，原因是什么呢?

不合作：小睿性格敏感、暴躁、冲动，稍有不满便对同伴和老师拳脚相向。他不参加班级的活动和课堂学习活动，他不拿课本，不写作业，桌椅随意摆放，卫生情况一团糟，让老师非常头痛。

不安静：课堂上小睿经常弄出巨大的声响，有时候是玩东西，有时是乱踢桌子，当老师批评他时，他乱发脾气，甚至对老师拳打脚踢……

不开口：小睿的班主任和几位科任老师都曾积极地尝试与他沟通，可老师们苦口婆心，小睿就是不开口，他拒绝沟通、拒绝接触老师的眼神，完全把自己封闭在沉默的世界里。

三、成因分析

教育日记：在一次午餐前，小睿因为不讲卫生和同学发生了矛盾，他二话不说就动手打了同学，结果因为身体瘦弱并没有占到便宜，小睿彻底爆发了，他摔了好几个同学的饭盒，推倒同学的椅子，在教室里咆哮……老师试图安抚他，但他更加暴怒，坚决不吃午餐，连老师也被他踢了几脚。

这样的孩子让我心疼，我试图与他聊天，引导他倾诉，哪怕是告状和发泄，可小睿的眼睛一直盯着天花板，我用尽了我所有的教育智慧，花了将近半个小时的时间，他始终没有开口说过一句话。

经过和班主任沟通得知，由于小睿的妈妈离异后把全部的希望都寄托在他身上，却没有科学的教育方法，当期望值达不到妈妈的要求时，妈妈便痛哭流涕，甚至曾经对其使用过暴力，给小睿的心里造成了创伤。

在学校里，小睿与同学相处不来，便也对同学使用暴力，这就更加剧了他和同学之间的矛盾。他没有朋友，不幸的家庭，让小睿敏感、自卑、压抑，封闭自己，不知道如何正确地与他人交流，我想“暴力”也是他的“语言”，是他在用自己的方式“发声”“反抗”，只是他用错了方法。小睿成了被集体“忽略”的人，久而久之，他便自暴自弃，独来独往，不相信任何人，沉默着坚决不说话，借此保护自己。

四、辅导策略

（一）不刻意讲道理——老师接受你

NLP 沟通技巧告诉我，和学生沟通，有效果比讲道理更重要。如何改变小睿目前的状况呢?

教育日记：当小睿再一次出现那次午餐时的情况并且拒绝吃午餐，等他情绪稳定一些了，我问他：“你确定今天中午你不吃午餐了吗?”

他不说话，眼睛盯着地面。

我知道他一定觉得心里委屈，我告诉他：“知道你为什么这么瘦弱吗? 就是因为你经常闹脾气不吃午餐。”

小睿若有所思，依然不开口。

“其他同学都认真吃午餐，所以才长得又高又壮，你确定你今天中午不吃午餐了吗?”

小睿居然拿出饭盒去打饭了。

那天中午，小睿把午餐吃得干干净净。这是我改变小睿迈出的第一步。

（二）不刻意感动——悄悄改变你

加剧小睿问题的深层次原因在于：他觉得自己没用，家长、老师和同学都看不起他。心理学上认为，一个人感受不到自己的价值，就会产生消极情绪，进而产生与世界对抗的情绪，随之与世界“交流”的方式也不正确。

卢梭认为：对孩子刻意感动，是有害的教育方法之一。我决定避免。我告诉小睿，我的办公室里养了一盆花，可我每天没时间去打理，如果他能每天早上帮我浇花，就可以帮助老师减轻负担。

小睿依然没有开口，但我却惊喜地看到，第二天一大早他就来到学校，把花浇了。

我进一步提出要求，希望小睿每天放学后，帮我把我的桌面整理干净，小睿也照做了。我知道我已经初步敲开了小睿的心扉，我当着全班同学的面，大肆地称赞了小睿一番。

（三）发现你的价值——你也很不错

在我的美术课上，我让他帮我发手工剪刀给全班同学，小睿不仅发了，还在快下课的时候，他还主动将手工剪刀全部收了回来，并且把剪刀摆放得整整齐齐。

我告诉全班同学，小睿现在是我最得力的小助手，因为他最细心。同学们都对小睿投去了羡慕和钦佩的目光。

五、实施效果

从那以后，小睿开始讲卫生了，原本乱糟糟的桌面也一天比一天整齐。他和我的对话也越来越多，孩子们都知道小睿不仅细心而且卫生打扫得好。卫生大扫除的时候，小睿成了他们小组最得力的干将。小睿再也没有出现因为午餐和同学闹矛盾的现象，他的身体越来越强壮，却再也没有和同学打架。我的花小睿还在继续照顾着。他在一天天改变着，进步着，作为老师，我比他更高兴。

六、反思与建议

从“你为什么不说话”“怎样才能让你说”到“主动说话”，小睿同学顺利和老师主动交流、融入集体，这是一个漫长的过程。探索小睿不说话的原因，改变小睿自我闭合的方法，更值得家长、其他老师和我来反思。小睿是个聪明的孩子，却独自煎熬着走了一段孤独的路程，这样的经

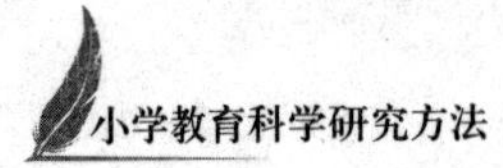

历促使着我要和小睿继续成长。

你为什么不说话，其实是老师不懂你的心。每个孩子都是独特的，你也值得我们认可，我愿对你更“偏爱”一些，让你的世界阳光灿烂。

资料来源：汪燕敏，《小学生（中旬刊）》，2020年第1期

第十一章 比较研究法

【学习目标】

1. 了解比较研究法的基本涵义与特点。
2. 了解比较研究法的基本类型与要求。
3. 掌握比较研究法实施的一般步骤。

第一节 比较研究法概述

一、比较研究法的涵义

比较法是人们根据一定的标准，把有某种联系的事物加以对比，从而确定其异同点，得出事物内在联系的一种思维方法。

教育研究中的比较法是对某类教育现象在不同时期、不同地区、不同情况下的不同表现进行分析比较，以揭示教育现象蕴含的规律性。

二、比较研究法的特点

（一）广泛性

比较研究法的广泛性特点，一方面表现在广泛地运用于教育研究的各个领域；另一方面表现在对同一个教育问题，可以从各个方面加以比较研究。

比较研究法作为一种思维方法，广泛地运用在教育研究的全过程。通过比较研究，选定有重要价值的研究课题；通过比较分析，在搜集文献资料的基础上，对所需要的材料进行比较鉴别，以揭示一些内在联系；在进行教育调查和教育实验时，也需要运用比较方法对调查和实验的结果进行定性与定量分析，从而对研究的结果与有关理论与实践之间是否一致做出判断，没有比较，就不可能获得更好的研究结果。

比较研究法的广泛性还表现为多角度性。例如，对两个国家的师资培训进行一下比较。这种比较研究可从如下一些角度入手：从教育的角度比较这种培训的内容和方法、从心理的角度比较培训的动机和兴趣、从社会的角度比较社会出身对培训的影响以及为了流动而受培训的结果、从经济的角度比较培训的费用和效益、从历史的角度比较培训制度的沿革等。所以，比较研究法在教育研究中的运用往往和心理研究、社会研究、经济研究、历史研究联系在一起，是一种多学科、多角度的研究。

（二）综合性

比较研究法需要对收集到的各个部分、各个方面、各种因素和各个层次的资料进行比较分析，然后形成一个整体性的认识，这就是综合。比较分析需要资料，但是，如果认为比较研究法仅仅是一种收集信息资料的手段，那还是不够的。比较研究法的本质在于：从收集的资料中，通过事物的相互联系和差异的比较，综合概括出事物的本质特点。

（三）可比性

比较研究法的研究对象要有可比性，这是比较法运用的前提。所谓可比性，是指比较对象必须属于同一范畴，有一定的内在联系，并能用同一个标准去衡量和评价。事物之间要具有可比性，一方面要具有相似性，只有性质相似的事物之间才具有一定的可比性；另一方面要具有差异性，具有各自本身的特点才能比较。可比性还包括事物之间要有一定程度上的对等性，即人们常说的要处于同一“数量级”。例如中国与美国之间进行教育比较，可比较指标范围较广、代表性也较好。但是如果将中国与一个比较小的国家或地区进行比较，由于二者明显不处于同一“数量级”，会导致比较的可信性和可借鉴性均较差。

党的二十大总结过去的成就，“居民人均可支配收入从一万六千五百元增加到三万五千一百元。城镇新增就业年均一千三百万人以上。建成世界上规模最大的教育体系、社会保障体系、医疗卫生体系，教育普及水平实现历史性跨越，基本养老保险覆盖十亿四千万人，基本医疗保险参保率稳定在百分之九十五”。居民人均可支配收入、就业、教育等方面，可以跟过去进行比较，也可以跟同一时期的印度进行比较。

三、比较研究法的类型

（一）教育现象的区域比较

区域比较，是研究一个国家或地区的教育现象，并使之与其他国家或地区相比较而认识异同点的方法。区域比较是一种横向比较，是对不同区域同时存在的教育现象进行比较。因为每一事物都不是孤立存在的，所以必须在相互关系的比较中认识事物的本质。横向比较研究是按空间结构的横断面展开的，强调的是从事物的相对静止状态中研究事物的异同，分析其原因。横向比较获得的信息是多方面的，有助于全面地把握事物。

比如，通过对不同国家的师范教育及相关情况的比较，找出小学教师培养的发展趋势。通过中、日、美儿童适应能力的跨文化比较、数学认知能力的比较、中学理科教育水平等比较研究，掌握东西方教育模式的不同特点。此外，还可以将各国的教育行政、教育经费、学前教育、初等教育、中等教育、高等教育、职业技术教育，以及各级各类学校的课程设置、教学方法等问题进行比较，找出各国的特点和共同发展的趋势。

区域比较包括同类相同点比较与同类相异点比较。同类相同点比较，可以找到事物发生发展的共同规律。同类相异点比较，可以找到事物发生发展的特殊性。如对我国社会经济发展水平不同的农村地区基础教育发展的比较研究就是一种区域比较。通过三个抽样县的调查，说明经济发展水平不同，普及九年制义务教育所遇到的问题有所不同。经济发展水平不同，他这在普及九年制义务教育方面都采取了若干措施，通过对不同地区普及义务教育的异同点的比较分析，得出对促进农村地区基础教育发展的若干概括性结论，以及不同经济发展水平地区普及九年制义务教育的特殊性。通过不同区域教育现象“同中求异”“异中求同”的分析比较，可以更好地认识教育发展的多样性与统一性。

扩充资料：《他乡的童年》是由周轶君执导的纪录片。影片于2019年8月28日上线优酷视频，讲述了战地记者出身的周轶君兼任导演和主持人，一集走访一个国家，分别是日本、芬兰、印度、英国和以色列，最后回到中国，探寻教育的传统和未来。这种国与国之间的比较能给我们很大的启示。

（二）教育现象的历史比较

历史比较，是研究一个国家或地区的教育现象，并与历史上的教育现象相比较而认识其发生、发展规律的方法。历史比较是一种纵向比较，是比较同一事物在不同时期内的发展变化。世界不是一成不变的事物的集合体，而是过程的集合体。纵向比较研究是按时间序列的纵断面展开的，它强调的是从事物的发展变化过程来研究教育发展变化的规律，是以动态观点来研究现状，揭示其历史演化性，从而弄清其发展的来龙去脉。比如，我国教育制度中的招生考试制度，就是总结了在我国封建社会盛行了几千年的科举考试制度的经验教训，同时借鉴了国外的一些行之有效的考试制度而建立的。

历史比较在教育研究中的应用是非常广泛的，如国家教育制度的产生和确立、教育和文化发展中的主要传统、国民教育政策的评价、教育发展的传统与趋势，教育思想、理论的研究等等。历史比较研究有助于更深刻地理解所分析的教育现象的现状。

（三）教育现象的定性与定量分析比较

定性分析比较，是通过事物之间本质属性的比较来确定事物的性质。定量分析比较，是对事物属性进行量的分析以判断事物的发展变化，能使比较的内容更加清晰，比较的结论更加正确。

如前所述，对中外考试制度的比较研究，就是一种定性分析的比较研究。对于教育现象的数字资料的比较分析，是一种定量分析的比较研究，如入学率、义务教育年限、学校数、学生数、师生比等数据的比较分析研究。

对我国社会经济发展水平不同的农村地区基础教育发展状况的研究，既可以进行定性分析比较，也可以通过各地区经济发展指标、义务教育普及率等进行定量分析比较。把定性与定量分析比较结合起来运用，可以使研究的问题更为清晰。

四、比较研究法的要求

（一）要注意可比性

比较对象之间的现实性必须属于同一范畴，有一定的内在联系，并能用同一个标准去衡量和评价，这是运用比较法的前提。为保证可比性，必须做到比较的标准统一，比较的范围、项目一致，比较的客观条件相同。

（二）要注意资料的准确性

比较资料的准确性将直接影响比较分析的科学性，以及比较结论的正确性。用于比较的资料必须是真实可靠的，具有客观性；能反映普遍情况，具有代表性；能反映研究对象的本质，具有典型性。这就要求研究者对国内外教育有较为深刻的认识和了解，具有较扎实的理论基础以及掌握相应的工具和方法。

（三）要进行科学的比较

科学的比较，不能限于罗列一些表面的异同现象，也不能抓了枝节而忽视了本质的东西，而是需要理性思维。也就是说，要透过现象分析原因，从共性中揭示矛盾的普遍性，从差异中阐明矛盾的特殊性。科学的比较，要努力做到不割断历史，要尽可能从社会政治体制、经济科技发展水平、历史文化传统、自然地理环境、社会风俗等多方面加以探讨。要运用区域比较、历史比较、定性与定量分析比较等多种方法进行比较研究，使所研究的问题更为清晰，使得出的结论更为客观。

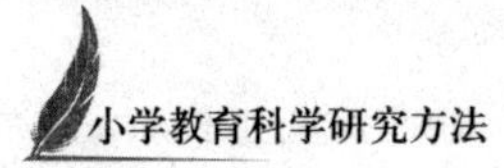

第二节 比较研究法的实施步骤

一、明确比较的目的，选定比较主题

这是进行比较研究的前提。首先，要根据研究课题确定比较的内容，限定比较的范围，从而使比较目标明确而集中。其次，要按照主题统一比较标准。比较标准既要有可比性又要有稳定性，这是比较的依据和基础。比如，对世界各国小学教师教学能力比赛的研究，确定了比较的主题是“世界各国小学教师教学能力比赛研究”，比较的范围可以是与世界各国小学教师教学能力比赛有关的一切情况。

二、广泛搜集、整理资料

通过查阅文献、调查、实验等多种方法，尽可能客观地搜集所要研究的教育现象的有关资料。比如，在前面例子中，要收集多个发达国家、发展中国家的有关小学教师教学能力比赛的种种资料。

三、对材料进行比较分析

这是比较研究的重要环节。从初步分析到深入分析，要对搜集材料进行解释、分析和评价。分析时要注意事物间的因果性和全面性。比如，前例中要对收集到的有关世界各国小学教师教学能力比赛的资料进行统计分析。

四、做出比较结论

在前面三个步骤的基础上，得出比较结论，并通过理论与实践论证所得的结论。

【参考案例】

稷下学宫与柏拉图学园的共性与差异

摘要：稷下学宫和柏拉图学园几乎同时出现在中西方高等教育的“轴心时代”，两者的创办背景、社会功能、管理方式、办学特色、历史影响等有相似相通之处，也有明显的不同。稷下学宫是战国时期齐国国家创办、私家主持的高等学府。宽松自由的学术氛围下，稷下先生不仅发挥着咨政议政的政治作用，各学派自由讲学、辩论、著书立说，形成了百家争鸣的学术繁荣景象。柏拉图学园是柏拉图私人创办，政府监控的高等教育机构。学园以柏拉图的理想国为旨归，以追求真理为目标；学生免费入学，人文科学与自然科学并重；学园自治，学者自由研究，开西方学园派之先河，成为当时希腊的学术中心。

关键词：稷下学宫；柏拉图学园；轴心时代

引　言

研究中国高等教育的发展，纵向上不仅要追溯近代向西方学习以来先后建立的若干所各种类型的大学，还要追溯到宋明书院、两汉太学，乃至战国时期由齐国建立的中国最早的高等教育学府——稷下学宫；横向上要比较同时期世界高等教育的发展，比如中国的书院与中世纪大学，特别是要将并称“世界教育史上的双子星座”的稷下学宫与柏拉图学园进行比较，因为这两所高等教育机构几乎同时出现在中西方高等教育的“轴心时代”，并对当时和后世的政治、教育和文化均产生了重大影响。

“稷下”是指齐国都城临淄（今山东省淄博市临淄区）的稷门（城西南门）。齐国国君田午当政时期在此设立学宫，故名稷下学宫。稷下学宫历经桓公、威王、宣王、湣王、襄王、田建六代。公元前221年，秦军攻克临淄，田建投降，齐国亡而稷下终，先后历时约150余年。柏拉图学园是世界教育史上最早设立的高等教育机构，大约于公元前387年由古希腊著名哲学家柏拉图创办，又称“希腊学园”或“阿加德米学园”，后因战乱而关，历时约900年。

稷下学宫与柏拉图学园的研究视角很多，我们主要从两者的创建背景、社会功能、管理方式、办学特色、历史影响等方面寻求两种不同文化下两大高等教育机构的对话，寻找它们的共性与差异，一为承继精华，二为中国现代大学建设提供借鉴。

一、创建背景

（一）生于大变革中的稷下学宫

春秋战国，战乱不止，然而这也是个大变革时期。技术的变革与提升，带来了经济状况的变化，而经济状况的变化，导致社会组织发生重组和改变。如铁制农具的广泛使用和牛耕技术的推广，私田开采增多，壮大了地主这一私地拥有者阶层的力量；手工业和商业的发展，造就了手工业者和商人这两个新的社会阶层。新阶层经济实力的膨胀，带来向社会上层流动的诉求。与此同时，王室贵族操戈、分化，落败者下降为“士”。随着贵族的解体，“士”这个贵族阶级中等级最低的阶层，逐渐拥有了独立自由的身份。他们类似西方中世纪的自由民，有知识，有尊严，去国不怀乡，喜欢参与政治，建功立业观念强烈。丛林时代，周王室权威地位式微，贵族进入最后的黄昏。乱世英雄起四方，诸侯争霸，雄主博弈，“得士者昌，失士者亡”，急于售卖治国方略的士们与渴求功成的列国买方恰好相互需要，于是养士之风盛行。因此，稷下学宫作为当时最大的养士机构的出现是历史的必然。

稷是古代一种粮食作物，指粟或黍属。古代以稷为百谷之长，稷门，史载繁华之地。齐桓公钱多而豪横，以国家之力，选址稷门建设学宫，足见重视。学宫交通便利，附近有直通各国的康庄大道，便于各家流派前来讲学；学宫依水傍山，风景优美，适合士子们静心思考、著书立说。由于齐国国君采取宽松、开放的文化政策，又能提供丰厚的待遇，尊有名望者为稷下先生，学宫吸引了当时众家学派的著名人物的到来，如孟子、荀子、颜斶、田骈、邹衍、儿说、公孙龙、鲁仲连等，并逐渐成为当时的学术中心和教育中心。

（二）生逢衰败时期的柏拉图学园

柏拉图生逢雅典从霸主地位因战争转向衰败，民主政体日渐衰弱，僭主政治时时抬头的社会。苏格拉底被诬告处死后，柏拉图本人也被通缉。流亡麦加拉、非洲、埃及、塔林顿等地期间，柏拉图受名师指点，深入研究了数学、科学、教育、宗教等。经过广泛的阅历和学习后，柏拉图带着一身光环回到雅典。与稷下先生相同的是，柏拉图也希望以平生所学干预政治，但他认为，“为社会和个人找到正义的唯一希望是在真正的哲学中，否则人类的烦恼不能得到缓解”。设想一下，以柏拉图之博学多识，若生逢稷下学宫兴盛之时，极有可能被礼聘为稷下先生，但几乎同时期的雅典政权，却并不中意柏拉图，柏拉图只能走私人办学之路。另外，从柏拉图的角度看，作为民主政体的受益者和支持者，柏拉图对“三十僭主”的政体深恶痛绝，他不可能与当政者合作。其次，雅典没有对教育进行高压控制，私立学校生存空间大，自由度高，雅典青年也有依从智者游学接受知识的传统。因此，不进入体制的柏拉图，其实更倾向于将自己培养“哲学王”以实现他所设计的理想国的政治主张，付诸创办私人学园。

公元前387年，时年40岁的柏拉图，在叙拉古国王狄奥尼修二世及其他朋友的资助下，将学园选址在雅典西北郊外约两公里处，以纪念希腊英雄阿卡德姆斯（Academus）命名的花园里，学园也以此得名为阿加德米（Academy），或称柏拉图学园，也有称“希腊学园”。学园初始面积不大，根据雅典学者研究，“学园是一个长方形的综合体，大约30米×60米，还有两个毗邻的小长方形建筑物。第一个是有屋顶的列柱廊，其内部测量约为22.4米×44.4米，其南端延伸至边墙之外，其中心可能是进入学园内部的唯一入口。中庭的中央是一个水池，空地北边有一个基座，上面可能安放缪斯的雕像。”学园先是有个轮廓，慢慢设有了固定的教学场所、图书馆、宿舍和规章制度，开设了哲学、人文科学、自然科学，其中数学、几何学、天文学、音乐理论是四门基础学科。有志向学的青年学子，从巡回游学转至有固定场所的学园式求学。

综上所述，稷下学宫与柏拉图学园都是生于社会动荡，都是试图以学术干预政治，但两者的社会背景有所不同。稷下学宫处于技术革新和各诸侯国竞争时期，各国均有通过养士用士，助力实现宏图霸业的需求。总体来说，知识分子受到国家的礼遇，也受到有志向学者的追随。柏拉图学园处于结束雅典民主政体的“三十僭主”的高压统治下，虽说后来又由民主派掌握了雅典的政权，但政府在私人办学中并不高看柏拉图。这就导致柏拉图选择了通过传承、发展自己的学术理念培养“哲学王”，间接实现他的政治理想的方式。

二、社会功能

（一）咨政议政为主兼具其他功能的稷下学宫

毋庸置疑，乱世之时，诸侯养士并非为了“教化”与“明明德”，他们试图在战乱中保存自己的同时向外扩张。因此，齐国作为最先富起来的“四塞之国”，赋予稷下学宫的首要功能是咨政议政。落脚学宫的稷下先生无生活困顿之忧，可以自由讲学、授徒、著书立说，然而无论其学术活动还是学术观点，都是服务于政治的需要，都是以干预政治，成功推销出政治理想为历史使命。《孟子·公孙丑章句下·第十三节》记载，孟子曾豪言，“如欲平治天下，当今之世，舍我其谁也!”

除此之外，稷下学宫又是学术交流中心，兼具人才培养的功能。出于“争天下者必先争人”的治国理念，稷下学宫确立了来者不拒、百家争鸣的管理制度，各家学派即便有不同的政治主张甚至相反的学说，都可以在稷下设坛讲学。各派学者大师在交流中吸收完善自己学派的学说，并著书立说，授之于弟子，为社会造就了一大批人才，为后世留下了《孟子》《荀子》《宋子》《邹子》《慎子》《尹文子》《公孙固》《涓子》《田子》等重要典籍。

（二）培养“哲学王”实现政治理想的柏拉图学园

柏拉图学园无疑是人才培养的高等学府，也是学术交流中心和研究机构。除了哲学家亚里士多德，立体几何的创始人泰阿泰德、圆锥曲线的发现者美涅克漠等科学家也都出自柏拉图学园。学园重视对自然科学和人文科学的研究，对动植物学、天文学、地理学进行过初步研究，对于妇女解放、财产问题等社会问题也有所关注，并有专著论述。

学园的建立虽然是柏拉图的个人情怀，但绝非消遣之作，也并非完全出于学术兴趣，其主要目标还是政治的，而不是哲学的。家庭出身以及自身遭遇，在柏拉图的心中植下了与稷下先生类似的“帝王师”梦想。他以学园为根据地，讲述治国术，传播治国思想，培养“哲学王”般的政治人才，希望实现“理想国”。“作为统治者的一个训练基地，不仅仅是维护一种特殊的政治理论，而且还对那些已经获得政权的成员们，提供实际的指导”。学园除了传授知识，还积极介入实际政治活动，承担政治咨询和法律的修改、制定等工作。柏拉图本人也曾做过多国政治顾问，三次亲赴西西里以实现他的政治理想，虽以失败告终，却也表明柏拉图不尚空谈，勇于实践和担当的历史责任感与使命感。

综合所述，稷下学宫作为战国时期一个庞大的养士机构，相当于政府的智囊团，它最主要的功能是咨政议政。但稷下学宫的开放和包容又为诸子百家提供了一个交流的场所，各学派在向国君宣扬治国方略的同时，讲学授业，使得稷下学宫不仅为齐国招揽了贤士，无意中成了一所极具特色的学术研究、人才培养的高等教育机构。与稷下学宫的定位不同，柏拉图学园一开始就被定义为进行人文科学与自然科学教学与研究的哲学学校，它因此被认为是中世纪和近代大学的直接先驱。柏拉图学园的主要教育功能是通过综合性知识传授，将贵族子弟培养成为上层统治者，以此实现其干预政治的社会功能。尽管定位不同，实现社会功能的途径不同，但稷下学宫和柏拉图学园都有服务政治的原始使命，在政治理想的实现过程中，都承担起了人才培养、学术研究、著书立说等教育功能和文化使命。

三、管理方式

（一）官方举办，私人主持的稷下学宫

稷下学宫属于官方举办，私人主持的高等教育机构，一切经费由国家无偿提供。学宫的学者称为稷下先生，学宫的领袖人物称为“祭酒”，由齐国国君聘请德高望重的学者担任，荀卿就曾“三为祭酒”。学宫待遇优厚，“为开第康庄之衢，高门大屋尊宠之”；又按能力和名望大小，享受着齐国职官待遇。如淳于髡为上卿时，齐王“赐之千金，革车百乘，与平诸侯之事”。长居齐国的孟子，是稷下先生的代表人物，受过上大夫之禄。《孟子·公孙丑下》记载，孟子二次入齐时，齐国国君甚至允诺，“我欲中国而授孟子室，养弟子以万钟”。国家出资办学和提供丰厚的待遇，却并未对稷下先生的思想和行动加以控制。稷下学宫管理松散，齐国内外的学者和四方游士都可以来学宫讲学，且来去自由，不受任何限制。稷下学宫基本处于学者的自治状况，他们自由讲学、自由辩论，开馆纳徒、讨论国事、著书立说等。在教学中，学生虽属一定的门派，但并不囿于门户之见，他们可以自主地选择听任何一位老师的课。

稷下学宫定期召开“期会”。期会由“祭酒”主持，包括演讲和自由辩论。从史料来看，稷下先生为后世留下了十个著名辩题：世界本原之辩、天人之辩、人性之辩、义利之辩、名实之辩、王霸之辩、礼法之辩、古今之辩、寝兵之辩、本末之辩。“百家殊业，皆务于治”。虽然这些辩论的最后落脚点是国家治理，但这并不表明稷下先生对政治有人格上的依附，他们择良木而栖，合则留，不合则去。

（二）私人自治、政府监控的柏拉图学园

柏拉图学园属于私人自治、政府监控的管理方式。没有雅典政府的投入，柏拉图学园也就有理由私人自治，从而减少了外界干扰，举办者能够遵循内心的教育理念开展教育教学实践。学园的课程设置、教学进度、教学方法等以柏拉图为主。学园中的学术环境自由而活跃，师生之间自由讨论。讨论不是为了说服，是让学生在抽丝剥茧中，寻找自己的解答。学生

有根据自己的兴趣，选择研究方向的自由。

但是，柏拉图学园由私人自治并不表明比公办民助的稷下学宫的自由度更高。老师苏格拉底被雅典当局以不信神和腐蚀青年思想之罪名处死后，柏拉图离开雅典，四处流亡。柏拉图归来创办学园，不仅要与公办的艾弗比、伊索克拉底的修辞学校竞争，他还要面对自己所厌恶的雅典的政治环境。柏拉图有些理念和行为甚至是激烈和残酷的，比如，他认为除了他的哲学统治外，没有哪一个国家和政府是完美的，任何“哲学王”的第一件事情必须是彻头彻尾地“清洗画布”。柏拉图不仅本人积极参与政治实践，还鼓励弟子们将他的哲学理念和政治模型应用到实际。比如，学生希翁和利昂与僭主克利阿科斯的残杀，查瑞昂对家乡贵族和富人的清洗，学园对阿塔内斯政局的掌控，直接或间接引起西西里某些事件的动荡等。雅典的政治环境不可能允许这种带有颠覆性质的机构存在，雅典当局当然会对柏拉图这样的政治活跃人士开办的学园进行必要的监控。鉴于此，有研究者认为，学园所刻“不懂几何者莫入”，只是为了掩饰其真实政治目的的牌子。因此，柏拉图学园的私人自治也是有限的。

综上所述，私人自治，政府监控的管理方式，关键在于自治和监控的程度，以及如何达成某种平衡。如果柏拉图学园的行为危及社会安全，政府必然会出手；如果政府的干预过多，又会妨碍学园的正常学术活动。反观稷下学宫官方举办，私人主持的管理方式，其优势在于办学的物质条件充足，号召力强，加之齐国政治开明，不以行政力量直接干预学宫的学术活动，确实为稷下学宫创造了一个宽松稳定的环境，为百家争鸣提供了强大的保障，但也更易受时局和国君好恶的影响，举办方的理念、政策、国力和稷下学宫的兴衰息息相关。学派如果与政治无关，或者与当时的价值观相冲突，即便不会被拒之门外，也不可能受到学宫的长期欢迎。从学术派别来看，稷下学宫确实吸引了儒、道、法、名、阴阳、纵横、黄老等众多学派的到来，却没有肯定的墨家代表性人物记录在案，只存在过一些墨家思想，以及接近墨家的宋钘、尹文及其门下弟子。究其原因，在于墨家学派兼爱、非攻，提倡平等、节俭的主张与国君的王霸天下的政治抱负反差太大。

四、办学特色

（一）教师队伍

稷下学宫和柏拉图学园教师的相似度很高，都是特殊时期的知识分子。稷下学宫是由于社会巨大变革导致阶层变化，形成了“士”这个特殊的知识分子阶层。他们四处游走，受聘到齐国就成了稷下学宫的教师。几乎同时期的古希腊产生了“智者”这个特殊的知识分子群体，他们多是以教师为职业，但在进入柏拉图学园时却和稷下学宫有不同的遴选标准，也有不一样的身份。

稷下学宫是百家争鸣之地，除了没有明显的墨家人物记录在案，几乎当时有一定影响力的学派，都曾驻足于此。孟子就曾三次到过齐国，在稷下学宫长驻20年之久。齐国的人才政策，搭建起稷下学宫独特而多元的教师队伍。多元化的教师队伍，不仅为各派学者提供了学术交流、创新的条件，也为学生打开了多扇学术之窗。另外，稷下先生不同于官学体系的官师一体，也不同于私学纯粹的教师身份。徐干《中论·亡国》所言：“昔齐桓公立稷下之官，设大夫之号，招致贤人而尊宠之。”稷下先生有大夫的称号，却无须主持国政，此举使得他们有别于正式官员，能够专心从学术方面发挥“不治而议论”的职能。这种戴行政头衔行学术权力的双重人事安排，既与政治保持了密切的关系，又避免了官僚体制下的种种弊端，使学术工作有地位、有专属，遵循了学术繁荣的发展规律。

柏拉图学园是柏拉图为个人理想而设立的高等教育机构，因而，从哲学思想的传授看，其主要的是一家之学，即柏拉图学说的发展与传承。学园的后继者，虽有发挥，主要还是在柏拉图学说基础上的推进。柏拉图延请学识渊博者前来参与教学与管理，如数学大师泰阿泰德、欧多克苏等，他们“在所有基本问题上”与柏拉图的哲学思想与教育理念相一致。因此，柏拉图学园搭建的是共尊一家之说的教师队伍。另外，柏拉图学园的教师没有雅典政府所赋予的头衔，身份比较单一。

（二）学生管理

稷下学宫和柏拉图学园的学生管理都采用严宽结合的方式，只是在具体操作上有所不同。

稷下学宫有统一的守则《弟子职》，对学生的品德修养、待人接物、学习态度、学习纪律、饮食起居、衣着仪容和礼仪规范等各方面都有明确的规范。学生在学习方面没有固定的老师，可以根据自己的喜好自由择师，自由参加学术辩论、自由游学、自由切磋等。

柏拉图学园对学生实行免费入学，但有入学规定。比起稷下学宫的“愿者即来”，柏拉图学园中所立的告示牌不论是“不懂几何者，禁止入内”，还是“不能学习几何者莫入”，都可以算是较严格的入学要求。另外，柏拉图认为，学习不能靠强制，尤其是对于 “最重要的学习，最高的学习”，必须是自愿付出。关于学生管理制度，没有资料记载，但从柏拉图对教育的论述可以看出对学生管理的严格。比如，柏拉图认为，一个人要想获得知识，实现心灵的转向，要经过漫长而艰巨的训练和“严格科学的方式忍苦地学习”。

（三）课程体系

稷下学宫和柏拉图学园开设的课程虽然科目不同，但较之同时代的教育机构，在人文科学方面都有更加丰富和完备的课程体系。

稷下先生长于哲学思辨和经世治国之术的理论架构，课程体系以人文科学为主，另外还有介绍各学派思想理论的课程。总的来看，稷下学宫的课程体系里自然科学领域的理论建树不多，多是为解决实际问题的技术性知识，如兵器制造、制革、造车、建筑、采矿、冶金、制陶等。

柏拉图是百科全书式的人物，学园教授的知识也是多学科的，课程门类较稷下学宫更为多样和丰富。哲学是柏拉图教学的基础，高出于其他一切学科之上。柏拉图特别重视数学，他认为，通过数学的训练能使学生感知现象世界，进而认识永恒不变的理念世界，以便接近善的理念。数学和几何学、天文学、音乐理论是学好哲学的四门关键学科。除此之外，还有动物学、植物学等自然科学以及与哲学同等重要的辩证法；另外，学园还开设了体育甚至军事体操等课程。

（四）教学方法

稷下学宫和柏拉图学园都有丰富的教学方法，都有将多种教学方法糅合在一起的教学特点。

学术传承需要教师的引导与解释，因此讲授法是稷下学宫最主要的教学方法；学术的探讨主要靠期会。期会上的辩论是各学派最直接、最方便的交流方式。学者之间辩论，学生观摩，有时也有同门或者不同学派之间师生的辩论，如《太平御览》中记载了徐劫的学生鲁仲连与擅长诡辩术田巴的一场辩论，这不失为一种更高层次的教学方法；另外，稷下学宫的学者和学生来去自由，学生有择师的自由，游学成为一种极具特色的教育与学习方式。这种方式有极大的灵活性，也促进了多元文化的繁荣发展。

与稷下学宫类似，讲授法主要用于专业知识和深奥道理的讲解，这也是柏拉图学园最常用的教学方法；辩证法不仅是一门与哲学同等重要的课程，也是一种常用的教学方法；此外，柏拉图继承了苏格拉底的产婆术，通过问答与辩论的方式启发学生的思维；另外，动物学、植物学、生物学、天文学等自然科学的教学还用到了观察法和科学探究法，这些方法是稷下学宫所不具备的。

五、历史影响

高等教育发轫时期的稷下学宫与柏拉图学园，虽然不同于近现代意义上的大学，但在它们的时代，都如磁石般吸引着各方学者和学子前来聚集。它们或以人文科学为主，或人文科学与自然科学相结合，为多元文化的融合、知识的传承与创新做出了卓越的贡献；同时，它们为政府提供咨询，教学与研究相结合，自主管理学术事务，开学术自治、学术自由之先河。同为中西方高等教育之源，稷下学宫与柏拉图学园对中西方高等教育的发展都产生了深远的影响，但由于中西方文化传统、教育理念、人才观、历史进程等的不同，二者对当时以及后续高等教育的影响也有所不同。

（一）熔铸百家泽及后世的稷下学宫

稷下学宫设立后，各家学派在交流与碰撞中都得到长足发展。没有稷下学宫，就不会有百家争鸣的局面。稷下学宫培育出了一大批集大成式的学派代表人物、思想家和学术大师。遗憾的是，稷下学宫的设立并没有引起其他国家大规模的跟进。原因在于：其一，天下征战争的是政治和军事力量，是所有力量拧成一股绳，而“坐而论道”者并没有提出符合战争年代的治国方略，“处士横议”导致君王无所适从，反而是军事力量强大，思想单一的秦国成就了霸业。其二，教育是个缓慢的事业，国君虽热衷于招揽人才，却无心办教育。因此，当实体的稷下学宫随着齐国的灭亡而消亡后，稷下学宫的影响也就消失了。

虽然稷下学宫对当时的教育没有产生强大的影响，却影响了秦汉大一统之后博士制度的设置。此后的古代书院所体现出的自由精神、开放性、融合性以及注重讲演和自由讨论的教学方法，与遥远的稷下学宫一脉相承。

（二）奠定西方高等教育制度的柏拉图学园

柏拉图学园的创设对当时就产生了直接而重大的影响。它不仅培养了一大批数学家、哲学家和科学家，成就了古希腊“三哲”，还促进了众多学派的创生，如亚里士多德派、斯多葛派、伊壁鸠鲁派等不同思想哲学流派，后期还发展出了以卡尔涅阿得为代表的中期柏拉图主义、以阿摩尼阿斯·萨卡斯为创办者的新柏拉图主义。雅典虽然有私人办学的传统，但柏拉图学园以它的影响力促进了私人学园的兴盛，最为有名的是亚里士多德效仿老师创办的“吕克昂”学园，还有伊壁鸠鲁和芝诺分别创办的花园学园和廊柱学园。

柏拉图学园崇尚学术自由，鼓励科学探究，创建了自然科学与人文科学并重的百科全书式的课程体系，还为社会提供政治咨询并积极参与社会活动等。这些举措不仅将学园打造成了欧洲历史上第一所综合性学校，也直接奠定了西方高等教育制度后来的基础。

资料来源：贾万刚 付萌 褚宏祥《山东理工大学学报–社会科学版》，2022年第1期。

第十二章　教育研究成果的撰写

【学习目标】

1. 掌握教育随笔的写作步骤，能捕捉题材撰写一篇可读性强的教育随笔。

2. 掌握教育研究报告的撰写方法和格式，能写出一篇比较规范的教育研究报告。

3. 掌握教育科学研究论文的撰写方法、格式，能写出一篇比较规范的教育研究论文。

第一节　教育随笔的撰写

教育科研成果是针对某种教育现象、某一教育课题或某种教育理论进行调查研究、实验或论证后得出的新的教育观点、新的教育思想、新的教育方法或新的教育理论。它是教育科研过程的高度概括和科学总结，是教育科研工作的理论升华。

教育科研成果的表现形式主要有教育科学研究报告、教育科学研究论文。教育随笔虽然不属于严格意义上的科研成果的表述形式，但对于小学教育科研人员来说，用得比较多，所以，此处我们也将给予介绍。

一、教育随笔的概念、特征及类型

教育随笔作为一种教育思想的表达方式，记录着教师的生命价值，是与小学教师距离较近、较实用的、朴实有效的研究方式。撰写教育随笔是苏州大学朱永新教授的一贯主张。他在《新教育之梦》里指出："中小学校教师搞教育科研就是应该从记录教育现象，记录自己的感受，记录自己的思考开始，这种记录如同一串串的'珍珠'，把它们串起来那就是一条非常美丽的项链，这样的教育科研应该鼓励。"

（一）教育随笔的概念

教育随笔就是用随笔的形式，对教育实践中的经验、教训和感受、体会、问题来发表自己的意见、见解的教育应用文书。这是倡导教师立足实践、彰显一种求真务实的教育情怀，旨在还原教师教育科研的本来面目，并及时整理和记录自身的实践感悟的一种成果表述方法。

教育随笔的内容是教师在教育教学实践过程中的亲身经历和内心体验，一是经验基础上的理论提升与情感升华。正因为如此，教育随笔受到了越来越多的一线教师的厚爱与青睐。

（二）教育随笔的特点

教育随笔的特点主要表现在以下几个方面：

1. 随手，随便，随心

教育随笔是一种较灵活的文体形式，风格随意平和，行文自由，表现手法灵活多样，具有随手、随便、随心的特征。（1）随手指的是随笔中涉及的往往是一些即时发生的事件和看到事件当时产生的想法，那种想法如火花闪动似的，所以需要及时捕捉、记录下来。（2）随便指的是随笔没有固定的格式要求，不需要有什么论点论据。（3）随心指的是一要随心所欲，没有太多的限制；二是笔要随脑。肖川教授曾经指出，"随笔，没有居高临下的霸气，没有正襟危坐的俨然，没有煞有其事的虚假，没有耳提面命的烦闷。像朋友之间的促膝而谈，不求全面，不求'客观'，不求严谨，甚至也不求立论的'公允'、命题的'科学'；只求遣一己之意趣，痛快淋漓地嬉笑怒骂。它不奢望成为重大决策的依据，也不企望成为学术积累的文献。它表达一种情怀，一种趣味，一种心境，一种追求”，这是对教育随笔特点的形象表述。

2. 可长可短

一般来说，教育随笔的题目小、篇幅不长，少则百十来字，多则千字左右，甚至更长。随笔的内容单纯，涉及面比较小，层次和结构也比较简单，写作材料便于收集、整理和使用。一般不需要经过缜密的构思后再动笔，只需像写日记一样，兴之所至，一挥而就，把教育实践中最有意义的所见、所闻、所感、所思、所想撰写成文即可。

3. 快捷及时

指的是需要对教育实践中有价值的、有意义的内容及时记录，否则会失去神韵和对教育实践的指导意义。比如对教育实践中的经验体会要及时反映出来供别人借鉴参考，把有深刻教育意义的教训写出来供别人吸取，反映出的问题要能够引起人们的注意，这样可以避免在教育方面少走弯路。

4. 取材广泛

教育随笔的内容比较丰富，取材比较广泛。就大的方面而言，可以写教育思想、教学原则、教学方法等理论方面的问题。就小的方面而言，可以写一件事、一个字词、一句话、一个动作、一点感触、一个问题等教育第一线最具体的东西。从写法上来说，可以用说明、记叙、描写、议论、抒情等多种手法。

（三）教育随笔的类型

教育随笔主要是一种叙事、议事的文体，从不同的角度进行划分，可以有多种。

1. 按叙与议的次序分

根据叙与议的先后次序可以分成五类：先叙后议型；先议后叙型；夹叙夹议型；叙事型；议论型。

2. 按意图分

根据随笔的目的意图分为：针对某种教学现象发表自己的看法后提出建议的、针对教育现象进行批评的、针对教育现象分析得失的、提供教育实例，以供借鉴的。

3. 按表达方式分

根据所用的主要表达方式分为：记叙性随笔、议论性随笔、说明性随笔。记叙性随笔是以记录教育现象为主，议论性随笔以发表观点看法为主，说明性随笔主要是对教学中的问题做出阐释。

二、教育随笔的意义

（一）教育随笔是一线教师及时反映教育教学实践活动中思想火花的最快捷方式

“教育，首先是人学。”而作为“人学”的教育，离开了人的情感就失去了生命。教育随笔是教师对教育艺术、教育理论、教育思想、教学方法所思、所想的良好形式之一，离教师较近。再加上教师的教育对象就是小学生，他们是一群活跃的群体，每位教师每天都要与这群接受新事物最快的少年儿童打交道，因此不可避免地会接触到一些新的事件、新的教学内容，其中有许多值得写、值得反映的东西。引导教师及时把那耀眼的一瞬间记下来，把教学中的智慧、思想火花真实地记录下来，用感性的文字表达理性的思考，用诗意的语言描绘多彩的教育世界，这样的教育随笔具有方便快捷的特点，能够激发教师的潜能，让教师不再是被动地发展，因而能享受到教育的幸福。因此，教育随笔是作为教师最好的教育研究之一，是教师行为研究的最好依托。

（二）教育随笔是教育教学反思的理性提炼

教学随笔是教师在教学实践中对教学现象的一种思考，是教师对自己所积累的教学经验、教学思考的一种回顾、梳理、提炼、总结和提升。古人强调“吾日三省吾身”。反思是教师自我成长、实现教师专业化的重要手段之一。教师撰写教育随笔，不单单是对教育过程、自己的感悟记录下来，更重要的是强调以积极的态度去思考问题，创造条件去解决问题，通过对教学经验、新问题的分析与研究，从而发现新理念、新见解，这样可以促进教师对实践的反思和智慧的提升。因此，撰写教育随笔可以对提高教师的教学水平有一定的作用，是促进教师专业成长的关键一环。

（三）教育随笔是撰写科研论文的基石

苏联教育家苏霍姆林斯基说过："我建议每一位教师都来写教育日记。教育日记并不是什么对它提出某些格式要求的官方文献，而是一种个人的随笔记录，在日常工作中就可以记。这些记录是思考和创造的源泉。那种连续记了10年、20年甚至30年的教师日记，是一笔巨大的财富。每一位勤于思考的教师，都有他自己的体系、自己的教育学修养。"

尽管教育日记有别于教育随笔，但是可以看出撰写教育随笔的重要意义。撰写教育随笔，把教学经验、教学感悟付诸笔端，这是一种很好地提高自己书面表达能力的方式，能够引导教师善于发现问题、善于思考问题、善于解决问题，能够帮助教师成为一位事业的有心人，这样的写作是教育科研的初步，能够为教育科研准备素材，有力地提高教育科研的素质与能力。一线教师不妨从教育随笔起步，从"豆腐块"做起，开始自己的教育科研生涯。

三、教育随笔的撰写步骤

（一）选择素材

1. 选择具体的材料

教育随笔主要是对某一具体的教育现象、教育问题发表观点看法，因此它必然以一定的、具体的材料做支撑，否则观点、看法就无从谈起，议论也只能是空发。这里所讲到的教育现象可以是一件具体的事，也可以是一个词、一句话、一个实例。同时，对具体的材料也要有的放矢、切中要害。

2. 选择典型的新鲜的材料

教育随笔所选取的材料要典型，立意要新，也就是说要努力抓住教学中既有代表性又有普遍意义的鲜活事件，并对其进行挖掘和思考，再从教育教学的理论高度上进行分析，提出真知灼见，给人以启迪，让别人看后会有耳目一新的感觉。有时在思考问题的时候可以从新的视角，也就是说要改变平常人的思维习惯，运用变形思维、逆向思维等方式去思考，否则将会失去生命力。

3. 选择“小”的材料

教育随笔是一种短小精悍的文体，一般不会就大是大非问题写成长篇大论。它受篇幅所限，只宜选择“小”的材料，从个别具体的事例出发，从低立足点去看问题。当然所选取的事件材料要把中心思想集中到一点上来，反映较深刻的问题和道理，使读者透过现象看到本质，通过个性看到共性。

4. 常见素材

每位教师不可避免地会面对很多素材，那么是不是都写下来呢？应该写什么呢？哪些是有价值的呢？这是值得关注的问题。

（1）成功的喜悦

成功会令人欣喜的。在教学中，每个教师都会有成功的地方，像自己满意的一堂课、精彩的一个教学环节、对每一节课独具匠心的教学创意、对学生的每一次成功谈话、一个巧妙的问题设计等。成功的时候，需要静下心来仔细想一想：为什么会取得成功？主要收获在哪里？主要经验在哪里？把自己的成功之点写下来，就是一篇好的教育题材。这些难能可贵的见解是对课堂教学的补充与完善，可拓宽教师的教学思路，提高教学水平。将其记录下来，可以作为以后丰富教学的材料养分。

（2）失败的教训

教师在教学中遇到挫折、遇到失败是难免的。教学中的失误，不仅是一种课程的资源，更是一种促进教师发展的有效资源。面对自己的失败之处，需要我们对它们进行回顾、梳理，冷静地想一想，深刻地进行反思、探究和剖析：为什么会失误？主要的原因是什么？用什么方法弥补？应该吸取什么教训，作为以后的教学的前车之鉴？思考一下再教这部分内容时应该如何做，从而做到扬长避短、精益求精，把自己的教学水平提高到一个新的境界和高度。这是一个剖析自我、完善自我的过程。

（3）教学中的闪光点

教学不仅仅是一种传授，更重要的是如何引导学生在情境中去经历、去体验、去感悟、去创造。学生是学习的主体，他们的思维活跃，常常会于不经意间产生出一些“奇思妙想”，生发出创新的火花。因此，教师应当充分肯定学生在课堂上提出的一些独到的见解，及时地捕捉这些细微之处流露出来的信息，并借机引发学生开展讨论、交流，这将会给课堂带来一份精彩，给学生带来几分自信。课后的时候，我们要及时去反思、去捕捉、提炼，并撰写出来。这样不仅为教研积累了第一手素材，同时也可以作为教学的宝贵资料，有利于拓宽教师的教学思路，提高教师的教学水平。

（4）教学机智

教育随笔是教师梳理记录自己教学生涯的一种很好的形式。课堂教学中，随着教学内容的展开，师生的思维发展及情感交流的融洽，往往会因为一些偶发事件而产生瞬间灵感，这些“智慧的火花”常常是不由自主、突然而至的。若不及时利用课后去反思、去捕捉，便会因时过境迁而烟消云散，令人遗憾不已。对于教学机智，有时不适合写成论文，也不想记成流水账，那么撰写随笔不失为一种选择。它不仅叙述了教学行为，也记录了伴随行为而产生的思想、情感及灵感，作为个人的教学档案和教育史，不乏独特的保存和研究价值。

（二）锤炼题材

1. 仔细阅读解读他人的随笔成果

要仔细翻阅报纸杂志上贴近小学教师工作实际的教育随笔，细细地分析一下它们是如何抓住教育中的事例、如何总结提炼得出自己观点的，经常阅读，久而久之，就会豁然开朗、受益匪浅。

2. 注重相关理论的积累

首先要坚持不懈地学习新的教育理论和教育方针政策，提高对教育现象的感受力。其次要经常地阅读教育名著、教育教学报刊，密切注视教坛发展动态。同时，写教育随笔离不开大量的阅读和对教育教学的敏感，为此，平时要经常阅读文章，扎扎实实地研读并做好摘抄，写下自己的读书感悟，改变自己的教育理念，培养自己的教育情感，并注意把平时学到的理论运用到实际工作中，这样处理起素材来自然会得心应手，对问题分析透彻，容易抓住问题的本质。

（三）撰写教育随笔

教育随笔的撰写主要包括以下几个方面的内容：标题的拟写、结构的安排、语言的选择。

1. 标题的拟写

教育随笔的标题要简洁醒目、生动传神，富有吸引力。对于小学教师来说，常见的主要有以下几种表达方式：

（1）中心式

就是把文章的中心内容归纳出来作为文章的题目，通常这个中心是作者议论的目的意图，表明的是文章的论点，是文章思想的提炼。当别人读文章时，能在字里行间触摸到作者那跳动着的思想脉搏，一向平淡无奇的现象也包含着深意。如《教师，请您“口下留情”》。

（2）事件式

把自己经历过的、看过的、听过的事例作为标题，如果文中写了几个事例，就以主要事例作为标题。如《一次有意义的班会》。

（3）比喻式

即把文章的中心或主要事件用生动有趣的比喻作为文章的标题。如《我也有个“金点子”》。

（4）提问式

对于值得与他人探讨的、商榷的问题，可以以提问的方式体现出来。比如《我们的课堂，我们怎样做主？》《听课时，坐在哪里好？》。也可以是反问句，比如，针对一些人没有真正理解素质教育的含义，到处贴标签，随便搞一点活动就美其名曰素质教育的现象，有位老师写了篇《活动课就是素质教育？》的随笔。此外，还可以用选择句，如《站着读还是跪着读？》

2. 结构的安排

由于教育随笔的形式比较自由，结构比较简单，通常有叙事和议论两大主要板块，因此，构成方式通常来说有先叙后议、先议后叙、叙议交替、先引后议等几种。我们在写作时可以根据兴致采用不同的构成方式。

【参考案例】

一位小学教师的日常

一年级语文

十二月份主要工作：组织好家长开放日活动；坚持抓好预习，培养好习惯；每人下发一本图画本，每周留一次生活中识字；课上采用古诗接龙的方式切换课堂教学环节，继续培养同桌互查与交流的能力；深入开展古诗、儿歌赛读活动。

主要问题：对一部分后进学生关注还不够，学生之间的差距越来越大。

12月3日

上课两节，代课一节。学完第12课，午写时练习书写了字帖上带有“横折”的5个生字，第12课的生字书写放到明天再进行。自读课文、同桌互读、分自然段领读、分角色朗读，有的孩子已能当堂背诵了。今天分角色诵读的训练比较到位，采用男女接读，分小组接读，同桌两人对读等好几种形式。“为什么你读大雨点和小雨点的话时，声音有些不一样呢？”“哦，我听出来了，小雨点儿很活泼。”用这样的方式来引导，效果很不错。这段时间要多多练习一下，下周家长开放日就能用得上了。设计了一份儿歌检查记录表，上午发给王梓毓妈妈，中午接孩子时就送到了，真是高效。人手一张表，贴在语文书里，明天起就拿出时间来练习儿歌的朗读，落实好同桌之间的互查，以学习小组为单位进行评比，让孩子们行动起来。先要用好这本《365夜儿歌》，充分发挥复习巩固识字效果的作用。中午到教室去，几个图书管理员忙得不得了。李信谊、王奕涵、孙震驿几个小家伙凑在一起看一本“蹦蹦跳跳”系列的书，嘻嘻哈哈，高兴得不得了。

12月4日

上课三节，听课一节。中午小饭桌值勤。复习12课生字词，练读乐园短文，检查13课预习情况，完成12课生字的书写。教给同桌互查儿歌，做好记录。检查传统文化课本上《小儿语》和三首古诗的诵读情况，对照“自我评价”统计家长的检查记录；赶在下午放学前查完描红字帖下发。以上两项均以小组为单位进行统计评价。花了大半节课讲了消防安全逃生演练的要求，明天才能有时间交流标牌卡片。上周就收起了描红字帖。今天课间、午间，一刻儿没得闲。翻页、加小印章、做记录。全优26人，大部分孩子书写还是有进步的。下午近五点半准备走的时候，学校网络终于正常了，这才把情况反馈在班级博客里。然后发校讯通报批评了10名没有按要求完成描红作业的同学，这是我首次采用这种形式，希望会起到警示作用。

资料来源：淄博市张店区实验小学 贾万娜

第二节　教育科学研究报告的撰写

一、教育科学研究报告的分类

教育科学研究报告是小学教育科研成果最常用的表述形式，包括实证性报告和文献性研究报告。

（一）实证性研究报告

即用实证研究的方法进行研究、描述研究成果或进程的报告。这类报告都是用事实来说明问题，以直接研究所得的材料为基础，对研究的方法和过程加以分析，找出规律性的东西，提出经验、方法、建议及存在的问题，得出相应的结论。包括观察报告、调查报告、实验报告和经验总结报告等。

1. 观察报告

这是对某类教育对象或某种教育现象在较长一段时间内进行观察，并将其情况进行记录、分类整理、分析、探求原因或规律的一种研究报告。

2. 调查报告

这是对某种教育现象进行调查，并将其情况加以整理分析的记录。其作用是就某一科研课题收集材料、罗列现象，并在整理过程中发现问题、提出问题，经过分析、归纳、综合，揭示事物本质，探索事物的内部联系及规律，找出解决问题的方法和途径。

3. 实验报告

这是在每项教育实验之后，对整个实验过程进行全面总结，从而提出一个客观的、概括的、能反映全过程及其结果的书面材料。

4. 经验总结报告

这是指在教育实践过程中，通过积极探索，将积累起来的经验，经过筛选加工、分析研究，去伪存真，去粗取精，寻找规律，提出有指导意义的结论，并上升到一定的理论，使其具有更广泛的应用性的书面材料。

（二）文献性研究报告

即用文献法进行研究的报告。如文献考证报告等。这类研究报告以对文献的分析、比较、综合为主要内容，并展示文献的考证过程，说明文献的来源与可靠程度等。

二、教育科学研究报告的特点

（一）真实性

研究报告的材料和结论都必须客观，不能带有个人的主观思想因素，不得有半点虚假和浮夸，一定要绝对真实可靠，只有这样才能保证调查报告的真实性。报告的撰写也要真实，以实事求是的态度叙述材料，不夸张、不修饰，不追求文采。

（二）时效性

研究报告重在运用材料分析、总结教育教学过程中客观存在的现状，为解决问题提供线索和思路。因此，对于教师来说，必须讲求时间效益，及时捕捉各种信息，并做到及时反馈。只有这样，才能发挥研究报告的作用。

（三）新颖性

研究报告应紧紧抓住实践活动中的新动向、新问题，通过调查研究得到新的发现，提出新的观点，形成新的结论。要揭示出一些关于教育现象的本质性、规律性的东西，以为教育主管部门制定教育方针政策提供参考，或给教育教学部门进行具体教学活动做参考。

三、教育科学研究报告的撰写

（一）撰写的基本要求

1. 客观性

客观性是科研成果的生命所在。研究者必须具备严谨的、实事求是的科学态度来实施研究、表述研究成果。观点要正确、材料要可靠、论证要以事实为依据、推理要合乎逻辑，不可无根据地主观臆断。

2. 创造性

创造性是衡量教育科研成果质量高低的重要依据。研究者在实事求是的基础上，提出新问题、探求新的解决方案、寻求新的教育规律、从新的角度去表述研究结果，同时要处理好“新”与“真”的关系，既要求新，更要求真。

3. 规范性

研究成果的表述要按照一定的格式，符合最基本的规范要求，要有严格的逻辑结构和正确的论证方法。论点要明确，论据要充分，论证方法要科学。要有规范的学术语言和朴实的文风。

（二）撰写格式

1. 观察报告

一般包括以下几个部分：

（1）题目

题目应该简明扼要，要反映观察的对象和观察的内容。如“小学生课堂注意特点”“小学高年级学生课堂表现情况”等，如有必要，可以加副标题补充说明主标题未能包含的信息，如观察的范围、背景等。

（2）引言

位于观察报告的开头。一般应阐明：进行观察的原因与目的、意义，观察采用的方法、运用的观察手段、观察时限等。

（3）正文

这是观察报告的主体部分。这部分详细描述观察内容，列举经过筛选的能够说明问题的观察记录。观察记录要进行分类整理，并做出必要的统计分析。

（4）观察结果

在对大量观察记录的资料进行分类整理、统计分析的基础上得出结论，或提出意见和建议。

（5）附录

包括各种观察记录表、原始数据、参考文献等。

2. 调查报告

一般由以下部分组成：

（1）题目

题目要以确切、中肯、鲜明、简练、醒目的语言概括全篇内容，点明调查范围、调查对象。常用的写法有三种：一种是类似文章标题的写法，如《小学国防教育的现状分析与对策建议》；二是类似公文标题的写法，如《淄博市农村九年义务教育情况的调查报告》；三是正副标题的写法，如《“明星与孤雁”——小学生人际关系的调查与思考》。

（2）引言

简明地阐述调查的目的、意义、任务、时间、地点、对象、范围、取样等。要强调调查的目的性、必要性和价值，使读者了解全貌，引起对这一问题的关注。要详细说明调查的方法、方式等。

（3）正文

这是调查报告的主体部分，是详细的调查内容。通过对调查获得的大量资料的分析整理，归纳出若干项目，逐项加以阐述，做到数据确凿、事例典型、材料可靠、观点鲜明。调查数据一般要采用图表形式表示，使人一目了然；如能应用统计分析，则可提高数据分析的科学性，增强问题的说服力。

（4）讨论或建议

在对调查内容进行总体的定性、定量分析的基础上，可以深入地讨论一些问题，归纳、概括出事物的内在联系，对调查结果做理论上的进一步阐述，摆出自己的观点，提出意见和建议。

（5）结论

这是整个调查研究的结果。一般可通过逻辑推理，归纳出结论。即简单交代调查研究了什么，得出了什么结果，说明了什么问题等。

（6）附录

包括调查工具和部分原始资料，以及参考文献，即在调查研究过程中参考了、引用了哪些资料，要注明材料的出处、名称、作者、卷期、页码、出版单位日期、版次等。

3. 教育实验报告

一般包括以下内容：

（1）题目

题目是研究报告的主题思想。应当用简练、概括、明确的语言反映出教育实验的对象、领域、方法和问题，使读者一目了然。题目应尽量避免冗长，可以加副标题，使主标题更加简练。

（2）引言

也称前言、导语，是研究报告正文的开头部分。要简明扼要地说明实验课题的来源、背景、实验进展情况、实验对象和规模等，表明解决该课题的价值与意义。表述要具体、明确、一语道破。

（3）实验方法

说明实验方法是为了让人了解研究的结果是在什么条件下，通过什么方法，根据什么事实得出的，从而判断实验研究是否科学，实验结果的真实性及可靠性如何，并可据此进行重复验证。

（4）实验结果

是实验的主要部分。要简要说明每一结果与研究假设的关系，将研究结果作为客观事实呈现给读者。

（5）分析与讨论

要运用教育理论来分析与实验结果有关的问题，为研究结论提供理论依据。

（6）结论

是对整个实验的总结。它直接来自实验结果有关的问题，因而不是对实验结果的分析。研究报告下结论必须要慎重，语言要准确、简明，推理要严密而有逻辑性。

（7）附录

所包含的内容与调查报告大体相同。

4. 经验总结报告

包括以下内容：

（1）题目

题目的确定有两种方式。一是在既定的科研基础上，二是在对某一阶段工作的回顾总结的基础上。理出其中成效较大、印象较深且富有新意的部分，以此来确定的题目。

（2）前言

没有固定的表达方式，但一般说来，前言要简洁明了，说明经验总结的背景（时间、地点、单位、人物），写作的目的、意义、指导思想、取得的主要成果等。

（3）正文

是经验总结报告的主体部分。是作者围绕经验总结的主题组织材料的过程。在组织材料时，作者可以按时间顺序，逐步展开叙述；也可以分为若干小问题，逐一加以说明。

（4）结尾

依据正文的典型材料、事实和理论依据，进行深入细致的分析，概括出结论。撰写结论时，措辞要严谨，逻辑要严密，结论要确定、科学，以达到画龙点睛的功效。

第三节　教育科学研究论文的撰写

一、教育科学研究论文的概念

教育科学研究论文是教育科研工作者对某类教育对象或某一教育现象、问题进行比较系统、专门的研究和探讨，提出新观点、新结论或以新视角做出新解释和论证的一种理论性文章。教育科研论文可分为经验性论文、评述性论文、研讨型论文和学术型论文。

二、教育科学研究论文的基本结构

教育科研论文是教育科研成果表述时普遍使用的一种形式。其基本结构大致如下：

（一）题目

题目是论文内容的高度概括，是整篇论文的核心。

（二）内容提要

内容提要是规范的科研论文不可缺少的环节。指作者用简短的文字扼要地概括出文章内容，使读者了解论文的概貌，确定其有无阅读价值。

（三）关键词

关键词是从正文中提取出来能代表全文意思的单词或术语。

（四）序言

序言是指作者对研究课题的动机、目的、意义和主要方法的概述。

（五）正文

正文是作者表达研究成果的主要部分，是学术论文的主体部分。它包括论点、论据和论证过程等三部分。

（六）结论

对研究的全部内容进行分析、比较、归纳、综合、概括而得出结论，是整个课题的答案。

（七）参考文献

在文章的最后要注明写论文时所参考的文献，引用别人的原话或原文时要注明出处，列出作者、书报杂志名、标题、页码、版次、出版社及出版时间等，以便查找。当然，在论文的写作过程中，可以根据情况对其结构进行调整。

三、教育科学研究论文的撰写

（一）选择好的研究课题

做研究要有问题意识，要选择好的研究课题。党的二十大报告指出，必须坚持问题导向。问题是时代的声音，回答并指导解决问题是理论的根本任务。今天我们所面临问题的复杂程度、解决问题的艰巨程度明显加大，给理论创新提出了全新要求。我们要增强问题意识，聚焦实践遇到的新问题、改革发展稳定存在的深层次问题、人民群众急难愁盼问题、国际变局中的重大问题、党的建设面临的突出问题，不断提出真正解决问题的新理念新思路新办法。小学教育科学研究也是如此，要研究那些急需要解决的问题、那些热点问题、难点问题。

（二）草拟提纲

在撰写科研论文之前先要拟定一个简单的写作提纲，这对于写作一篇成功的科研论文会有很大的帮助。写作短小的科研论文可以用“打腹稿”的办法，对整篇结构、中心思想、内容表达层次、每一部分叙述什么内容、穿插哪些图表等进行粗略的考虑。写作有一定规模的科研论文应当有一个书面的写作提纲，使科研论文的构架、轮廓视觉化，便于检查全篇文章的论点、材料的组合是否合理，局部与整体的构成是否均衡协调。

（三）写作初稿

初稿是把要表述的内容具体写出来，见诸文字，然后从文章结构、意义连续、语法文字等方面进行推敲修改。在撰写初稿的过程中，必须牢记文章主题，紧扣写作提纲，把握各层次之间的内在逻辑关系。

根据不同的需要和条件，可以采用不同的初稿写作方式。

1. 循序渐进

这是按照自然顺序来写的，即从前置部分写起，然后再是主体部分，最后是附录部分。人们在思考问题时，总是先提出问题，再分析问题，然后是解决问题。循序渐进符合这种自然的思维方式，写出来比较容易把握，也较为条理。其缺点是容易卡脖子，一部分内容写不出来，就会陷入瓶颈。

2. 化整为零

对于内容较多、篇幅较长的文章，一下子全部写好比较困难，可以化整为零，分开来写。一般是将全文分为意义相对独立、完整的几个部分，根据各个部分设置的小标题，一部分一部分地按小标题的内容去完成。各部分写完以后，再从总体上进行调整和修改。这样，每一小部分篇幅相对较小，容易驾驭。只要每一部分都严格按照提纲的要求写作，组合起来可以避免前后矛盾。

3. 交叉执笔

如果有几个不同的写作者，可以采用这种方式。即根据分工情况，由不同的人来写不同的部分。一点点写，一部分一部分写，整篇科研论文最后就由这几个作者的写作内容组合而成。这种写作方法要注意的是，由于不同的执笔者可能在语言习惯上不尽相同，可能会导致科研论文的整体风格不太一致。对于这种情况，最后要由一名主要执笔者统稿，做到语言流畅、逻辑严密。初稿完成后，要根据科研论文的类型以及通行规范进行不断的修改，使之完善。

（四）注意事项

1. 标题与文章内容要一致

标题与文章内容要一致，不能小题大做。题目涉及面太宽，而文章内容却较窄，这叫作“大题小做”；反之是，题目不能涵盖文章的主要内容，这叫“小题大做”。“大题小做”的情况比较多。如有一篇文章，写的是义务教育阶段考试命题的改进意见。文章为“对义务教育阶段考试改革的调查与思考”。“考试改革”包括很多方面内容，如考试制度、考试频率、考试结果的表述、考试形式（口试、笔试、开卷考、闭卷考）等，考试命题只是其中一个子项。因此，这个标题就应改为“对义务教育阶段测试命题的调查与思考”。

另有一篇“对小学语文教材课程改革的调查”，全篇仅对教材问题做了些调查，根本没有涉及“课程”问题，这“课程”两个字应当删除。出现这种情况，可能与缺乏写作训练有关，也可能是一种好大喜功、不务实际的心态使然。

从构思来看，是先有观点后有文章，但从实际写作过程来看，很多时候是先有文章后有题目。有时文章写完了，标题还写着“暂定”甚至“待拟”。因此，文章写好后应该再认真考虑文与题的一致性。

2. 体现创新精神

党的二十大报告指出，必须坚持守正创新。我们从事的是前无古人的伟大事业，守正才能不迷失方向、不犯颠覆性错误，创新才能把握时代、引领时代。我们要以科学的态度对待科学、以真理的精神追求真理，坚持马克思主义基本原理不动摇，坚持党的全面领导不动摇，坚持中国特色社会主义不动摇，紧跟时代步伐，顺应实践发展，以满腔热忱对待一切新生事物，不断拓展认识的广度和深度，敢于说前人没有说过的新话，敢于干前人没有干过的事情，以新的理论指导新的实践。

创新是体现科研价值的主要标志。换句话说，科研就是不断开拓新的领域和途径，有所发现、有所创造，从而推动科学、文化的不断发展。因此，作为反映科研成果的报告，也必须有新颖性和创造性，有新的发现。

有人说创新不是个简单的事，特别是对于刚刚涉足科研的人来说更难。这种看法没错，但是，如果因此而不追求创新，那就错了。其实创新是可以从很小的方面入手的。比如，自己设计一个课题，或是对别人的题目进行改造，或是给老问题赋予新的含义，或是用新的材料讨论老的问题，或是以新的视角讨论老的问题，这都是创新。可见，所有教师都是有资格有能力参与创新的。

3. 行文流畅，格式规范

行文流畅是衡量文章可读性的重要指标之一。首先要做到语法正确，语句通顺；其次要追求全文的整体性，给人一气呵成的感觉；最后强调文风的简约。初学者经常出现的问题是刻意追求辞藻的华美，这不是科学研究所提倡的。对于科学来说，最重要的是准确、有创见。

四、论文的署名、摘要、关键词、参考文献的撰写规范

科研论文的书写要规范。格式的规范看似是一个表面问题，但它反映了“规则”的要求，是现代社会相当重视的问题。

（一）署名

1. 署名如果是独立作者

人文教育、文科教育、“新文科”建设概念辨析与价值透视

别敦荣

（厦门大学　高等教育发展研究中心，福建　厦门 361005）

2. 署名如果是两人以上作者

国外在线学位项目：发展现状、社会评价及质量改进

谭子妍，周川

（1. 厦门大学　教育研究院，福建　厦门 361005；

2. 苏州大学　教育科学研究院，江苏　苏州 215123）

（二）摘要

摘要即调查报告的内容摘要，是对整篇调查报告的概括性表述，字数一般在200字左右。主要包括：第一，简要说明调查目的，即简要说明调查的原因；第二，简要介绍调查的对象和调查内容与方法；第三，简要说明调查者的观点。

摘要的目的有两个：一是迅速地了解论文内容，让读者尽快了解论文的主要内容，以补充题名的不足。二是便于检索。随着互联网技术的迅猛发展，网上查询、检索和下载专业数据已成为当前科技信息情报检索的重要手段，网上各类全文数据库、文摘数据库，越来越显示出现代社会信息交流的水平和发展趋势。同时论文摘要的索引是读者检索文献的重要工具，所以论文摘要的质量高低，直接影响着论文的被检索率和被引频次。

撰写摘要的注意事项：

1. 摘要应排除本学科领域已成为常识的内容

浅谈小学数学教学中的情商因素

摘要：所谓情商，是指影响学生学习的意志品质、态度心情、兴趣习惯等非智力因素。情商在数学教学中是一个不可忽视的因素。课堂教学过程，是在师生之间进行信息传输和情感交流的过程。在这个过程中，不仅要组织学生的智力活动，完成接受和储存信息的任务，而且要充分调动学生的情商因素，使学生态度积极、心情愉悦、思维活跃，这样就可以高效率地进行课堂教学。当然，在数学教学中，为了实现情商因素对智商因素的促进和补偿作用，教师要做很多工作，其中比较重要的一条，就是以情感人，以心育人。

2. 不要简单重复题名中已有的信息

河北省高职高专院校美术师资队伍现状调查及发展对策研究

摘要：河北省高职高专院校美术师资队伍存在一些尚未解决的问题，如学历水平低、科研能力差等。为了更好地发展美术师资队伍，我们通过调查并提出相关政策建议。

3. 要用第三人称。一般不使用“本文”“本研究”“作者”“笔者”“我们”等作为主语（见上例）。

4. 一般不要对论文内容做诠释和评论，尤其是自我评价。

当代小学生偶像观之研究

摘要：当代小学生心中都有自己的偶像，他们的偶像大都是影视、体育明星，这些偶像对他们产生深刻的影响，这些影响有好有坏。为了小学生有一个好的未来，我们不得不正视这个问题，并且去讨论它，让小学生有一个真正美好的未来。本文的研究结果必然会对小学生树立正确的偶像观产生积极的作用。

5. 要使用规范化的名词术语，不使用非公知公用的符号和术语（比如，网络用语）；新术语，加括号注明；外文翻译的，尚无合适汉语术语与之对照的，可用原文或译出后加括号注明原文。

6. 除了实在无法变通以外，一般不用数学公式和化学结构式；摘要不出现插图、表格。

7. 缩略语、略称、代号，除相邻专业的读者也能清楚理解的以外，在首次出现时必须加以说明。

全美高校与雇主协会介述及启示

摘要：全美高校与雇主协会（NACE）是美国最为著名的大学生就业中介组织，其服务内容广泛：如提供就业信息；资助各种与就业有关的研究与活动；举办多种与就业相关的培训与讨论会等。其特点突出：如提供信息的渠道多、内容丰富、检索方便；促进就业的方式多；工作准则严格等。它对我国大学生就业中介组织的发展有很多启示。

8. 不用引文，除非该论文证实或否定了他人已出版的著作

浅谈小学数学课堂提问艺术

摘要：“课堂提问是教师在组织、引导和实施教学的过程中不可缺的教学手段”。小学数学课上，有价值的提问是促进学生思维、评价学习效果、增进师生情感、活跃课堂气氛以及激活学生自主学习潜能的基本控制

手段。传统的课堂教学，教师提问存在着种种弊端。如问题多而细碎，提问过程像打乒乓球似的一来一回。为了更好地推进新课程改革，数学教师要更多地研究一下课堂提问艺术。

9. 不要写成背景叙述

试析高职《高等数学》课程的教学改革

摘要：近年来，适应时代发展需要的高职院校的规模不断扩大，在校学生人数迅速增长。但应该看到高职教育仍处在起步阶段，教学改革迫在眉睫，《高等数学》课程的教学改革需要结合高职教育的特点做出改革。

10. 摘要不是概括，它是对文章要点的摘取

《高等数学》课程教学改革策略研究

摘要：本文对高职院校《高等数学》课程改革进行了初步探讨，从课程结构、教学内容、教学方法等方面探讨，并提出了改革的具体意见，得出了重要结论，具有重要参考价值。

这个摘要可以改写为：

摘要：高职院校《高等数学》课程教学改革首先要调整课程结构、优化教学内容，突出“实用性”；改革教学方法和教育手段，将传统教学与计算机辅助教学相结合，用“案例教学法”引入数学概念等。

11. 结构严谨，表达简明，语义确切。摘要先写什么，后写什么，要按逻辑顺序来安排；句子之间要上下连贯，互相呼应。要慎用长句，句型应力求简单。每句话要表意明白，无空泛、笼统、含混之词；摘要毕竟是一篇完整的短文，电报式的写法亦不足取；摘要不要分段。

12. 字数不宜太多。一般不超过200字，不要夹杂一些无关紧要的成分或企图把全文内容都概括进去。也有的刊物要求的字数比较多，比如300 ~ 500字之间。

（三）关键词

关键词是为了文献标引工作从报告、论文中选取出来的用以表示全文主题内容信息款目的单词或术语。

关键词的作用之一是方便检索。关键词能鲜明而直观地表述文献论述或表达的主题，使读者在未看学术论文的文摘和正文之前便能知道论文论述的主题，从而做出是否要花费时间阅读正文的判断。作用之二是便于收录。期刊论文一般都会被题录型或文摘型的二次文献（检索工具）所收录，或被收录到书目型文献数据库（如光盘版《中文期刊数据库》）中。

关键词撰写时的常见问题：

1. 写成词组或短语

关键词使用不当中最常见的问题是将关键词写成词组或短语。

新时期高校教师培训工作面临的挑战与对策

关键词：高校　教师　培训　挑战与对策

2. 关键词的逻辑组合不能准确地反映论文内容

关键词的主要作用是通过这些词的逻辑组合，揭示论文的主要内容。但许多论文在刊发时未能准确把握关键词应起的作用，列出的几个关键词的逻辑组合并不能有效地提示论文主题内容，也就谈不上有助于文献的标引了。

3. 将一些泛意词选作关键词

要切实使关键词的逻辑组合能准确起到提示论文的主要内容的作用，就应使所选的关键词能准确提示该文主题内容，但在许多论文中还是能看到诸如研究、分析、 对策、方法、 改革、问题 等形式的关键词。由于这些关键词几乎在大多数学术论文中都可使用，其在提示某一论文主题内容的专指性方面的作用就大大降低，失去该关键词应起的基本作用。

4. 重复题目

新时期高校教师培训工作面临的挑战与对策

关键词：高校　教师　培训　挑战　对策

注意：关键词是从论文中提取而不是从题目中提取，否则关键词没有存在的必要。

5. 关键词数量太多

浅谈小学数学教学中的情商因素

关键词： 喜欢 学生 数学 老师 情商 因素 教学 进行 选择

关键词的数量没有固定的要求，一般是3～5个为宜。

（四）参考文献的标注方法（以《高等教育研究》的参考文献标注法为例）

文献类型标识：［M］：书籍；［J］：期刊；［C］：析出；［N］：报纸；［D］：论文集、论文；［R］：研究报告；［Z］：各种未定类型的文献；［K］：参考工具书；［P］：专利；［S］：标准。

举例：

1. 引用于著作的——作者姓名．书名［M］．出版地：出版者，出版年：起止页码.

［1］周振甫.周易译注［M］.北京：中华书局，1991：25.

［2］约翰·亨利·纽曼.大学的理念［M］.高师宁等，译.贵州：贵州教育出版社，2003：21.

2. 引用于杂志的——作者姓名．文章名［J］刊名，年，卷（期）：起止页码.

［1］何龄修. 读顾城《南明史》［J］中国史研究，1998，（3）：165-178.

3. 引用论文集、学位论文、研究报告以上类推。

4. 引用论文集中的析出文章的——析出文献主要责任者.析出文献题名［C］//原文献主要责任者.原文献题名.出版地：出版者，出版年：析出文献起止页码.

［1］瞿秋白. 现代文明的问题与社会主义［C］//罗荣渠. 从西化到现代化. 北京：北京大学出版社，1990：121-123.

5. 引用报纸文章的——作者姓名. 文章名［N］. 报纸名，出版日期（版次）.

［1］谢希德. 创造学习的新思路［N］. 人民日报，1998-12-25（10）.

6. 引用电子文献的——作者姓名. 电子文献题名［电子文献及载体类型标识］. 电子文献的出处或可获得地址，发表或更新日期或引用日期（任选）.

［1］王明亮. 关于中国学术期刊标准化数据库系统工程的进展［EB/OL］. http：//www. cajcd. cn / pub / wml. txt/980810-2. Html，1998-08-16/1998-10-04.

（注意：重要资料必须注明具体出处，详细到页码；网上资料注明日期。）

附：怎样投稿

大多数报纸杂志都有相对稳定的作者群和稿源，要在激烈的用稿竞争中获胜，为自己争得一席之地，使自己的作品尽可能变成铅字，让你的研究成果为更多的人认可和受益，也让大家与你共同分享成功的喜悦，投稿时须注意以下6个问题：

1. 投稿要对路

每种报纸杂志都有自己特定的办报（刊）方针和宗旨，有自己的读者对象，投稿前必须先对此进行了解，接下来要了解各种报刊都开设了哪些栏目，各栏目都发表些什么样的文章，可能的话还应该了解一下报刊的办刊历史，看看近年都发表过什么样的文章，对照一下你研究的问题以及撰写的论文原来有没有人研究过、写过，研究现状如何，原来发表过的此类文章是从哪些角度写的，你的文章有无创新发展。此外，还应对报刊的发稿动态和走向以及下一步热点稿件是哪一类进行研究，最后看看你撰写的文章适合于哪些报刊的哪些栏目，投寄时最好在信封上注明栏目名称，以便于编辑人员及时准确地处理稿件。

2. 注意把握时机

教研论文按时效性大体可分为两类：一类时效性强，与教学进度配合；另一类时效性不强，与教学进度无关。后者什么时候投稿都行，而前者必须掌握一定的提前时间。到底提前多长时间投稿，一般报刊都会通过报刊启示提醒读者和作者。正常情况下，如果报刊没有规定，与教学进度配合的稿件，双月刊、月刊应提前4～6个月。新闻类稿件越及时越好，报刊发行周期越短，提前时间相应要短些。投稿最忌讳“马后炮”，一般不是很出色的稿子，“马后炮”是很难发表的。

3. 注意格式要规范

应注意字号不可太小，一般正文部分以五号字或小四号字为宜，页脚须注明页数与字数，便于编辑排版时参考。正规论文的格式应该首先是标题，标题之下是通讯地址，通讯地址之后是加小括号的邮政编码，然后空格后是作者姓名。较长的论文在正文之前应有200～300字的摘要，和3～5个关键词，以便于编辑阅稿时节约时间，了解要点。通常正文之后还应注明引文出处或备注以及主要参考书目，参考书目要写清书名、出版社名、版本、编著者等。

当然，具体的格式要根据所要投稿的刊物要求来做。

4. 适当控制字数

不同的刊物，对论文字数的要求不同，而且差别很大，有的喜欢长篇大论，有的喜欢短小精悍，投稿时应对各刊物发表的文章进行研究，总结归纳出一些规律，这样投稿才有针对性。

一般说来，寄给报刊发表的文章，应尽量短些，选题最好小一点，内容实用些，可操作一些，让别人看了能受到启发教育或拿过来就可以用；而参加评选的论文，理论性应强些，选题可稍大点，字数亦应适当多一些，这样才能将问题说清说透。就发表的文章来看，字数多少的差别亦很大，这主要与选题性质、报刊容量、读者对象等因素有关。一般理论性较强的选题可稍长些，应用性较强的选题应短些；投给杂志的稿件可稍长些，而投给报纸的稿件应尽量短些；面向教师及研究工作者的论文可稍长些，面向学生的作品应尽量短些；选题较大的、学术性强的论文可稍长些，选题很小、学术性不强的、普及性的作品应尽量短些。

5. 讲究投稿策略

投稿时应注意以下策略：一是持之以恒，管寄不管发，即经常投稿，投出后就不要再去想它。二是切忌猛打猛冲，以多取胜，越不发越寄这种投稿方式。如果你写的稿件确有水平，不用说，只仔细看一次就可以被发现，不需要反复投稿，否则容易被编辑视作问题稿件。三是认准的路走到底，只要你的稿件确有价值，就可以反复投，也可以转投其他同类刊物。四是由高到低，一般来说，刊物的级别越低，发行范围越小，稿源越不足，同样质量的稿件投给这样的刊物就可能增加命中的机会；五是注意对准档次。

但是，目前的情况是，由于教师评职称的需要，论文发表几乎成了一项产业，发表论文不但没有稿费，还要交版面费，有的甚至上万；另外，所谓的盲审也成了笑话，级别高的刊物，几乎不会发表来自专科院校的稿件，根本不看稿件质量。

6. 关于“一稿多投”

各刊物都有自己的规定，都反对“一稿多投”，都要求过了采用期之后再改投他刊。但是很多稿子时效性很强，特别是配合教学进度的稿件常常是“过了这个村就没那个店”了。在这种情况下，有两个办法：一是按规定办，过期改投或留待明年再投，二是采取变相的“一稿多投”，变通的办法就是做好投稿记录，收到采用通知后立即通知其他刊物，不要再发。一般说来，知名度不大、刚开始写稿的作者，特别是质量一般的稿件，即使一稿多投，也很少会出现几家刊物同时采用的情况。从这个角度出发，从维护作者权益的角度出发，我们赞成第二种办法，各报纸杂志编辑部亦不应反对这种办法。

【参考案例】

教育评价中的价值演进及反思

贾万刚，王　舒，褚宏祥

（1.淄博师范高等专科学校，山东 淄博 255130；

2.辽宁教育研究院，辽宁 沈阳 110034）

摘要：教育评价在演进的过程中，由于受当时社会状况以及价值观的影响，评价理论与实践的价值基础也经历了一个从价值蛰伏到价值觉醒，再到价值确定与唯一，再到关注多元价值的过程。在这个过程中，那种强势、单一价值主导下的评价已面临越来越多的争议和质疑；可以说，教育评价的历史是对单一价值反抗的历史，也是在价值困境中逐渐突围的历史。

关键词：教育评价　价值单一　价值多元

教育评价的内容、方法、指标体系等不是恒定的，它们随着当时的社会价值观的转变而转变。虽然，教育评价历经多个阶段，以整个人类社会正向着民主化方向发展的大趋势观之，评价价值也正朝着更多元化的方向转化，但这个过程并非一帆风顺，也并非上一阶段遗留的问题在下一阶段得以完全解决。尤其在我国，即使以往那种强势价值主导下的教育评价方式正面临着越来越多的争议与不满，但社会民主化发展对多元采取的包容度还不够，教育评价所面临的教育价值多元化的现实挑战并未从根本上减少。有鉴于此，对于教育评价问题，我们需要从价值取向的角度对其演进历程重新进行梳理与反思，以有利于我国教育评价理论与实践的推进。

一、教育评价的价值演进

（一）价值蛰伏时期的教育评价，评价具有强烈的主观色彩

广义来说，自教育这种社会活动产生以来，评价就存在。比如，中国实行了1300年之久的科举考试、古希腊苏格拉底的口头测验等。古代的教育，无论中西方，因其内容简单，目标单一，教育方法不外乎练习、思辨、记忆等，所以，教育评价主要是借助默义、试策、帖经、对答等基本凭教材和评价者的经验和感觉的方式进行。

因为评价是通过收集资料做出决策，无论是收集分析信息还是探究评价对象的价值，其最后的结果是为了方便决策者做出决策。没有决策也就没有评价的存在价值。

如果比照评价的功用，即便如中国古代的科举发展到八股文式的标准化评价形式，但因其哲学思想主要还是经验的、主观的、感性的，评价的价值取向并不彰显，严格来说，这一时期的评价只能算是准评价，或者称之为教学评价。这一时期的教育评价与价值取向并未发生直接的关联，还属于价值的蛰伏期。

（二）价值觉醒时期的教育评价，关注评价的客观性、科学性、合目的性

当教育活动越来越趋于复杂时，单凭主观经验的评价方式已不能满足需要。

《心理与社会测量导引》一书的作者美国心理学家桑代克（E. L. Thorndike）提出的一切都可以测量的论断对教育评价的发展起了很大的推动作用，它开始自觉地关注到评价的价值意义；同时，它也推动着教育评价向客观化、科学化方向发展。另外，作为一个标志事件的是1911年，美国的华纳德・泰勒（Frederick・Taylor）出版了管理史上的里程碑之作《科学管理的原则》，书中首次提出了精细化科学管理的理念，使管理由经验走向科学。《科学管理的原则》强调评价的系统化、程序化、精细化、标准化和效率，它非常重视定量分析和数学方法的运用。泰勒的这些观点在后来美国著名的课程论专家、“课程评价之父”拉尔夫・泰勒（Ralph W・Tyler）进行的课程评价中得到更加充分的体现。拉尔夫・泰勒提出的模式评价的最终目的不是评价本身，而是在于确定某一程序是否达到了预设的目标，所以，我们可以称之为“目标导向”的评价模式。

经过华纳德・泰勒和拉尔夫・泰勒等人的提倡，教育评价从主观、经验、感性的方式发展到运用合适的测量工具进行收集，它满足了评价客观性、科学化的要求，评价的价值意义由蛰伏逐渐觉醒，在价值取向上走向实用。

正当教育评价沿着客观性、科学性发展的路途中，20世纪20年代末30年代初，美国爆发了一场严重的经济危机。痛中思痛，社会各方面从各部门进行反思。这场经济危机同样对教育带来了深刻影响，也促使人们对教育的价值、效果等根本性问题进行深入的反思。“进步主义教育联盟”奉杜威实用主义思想为圭臬，高举“教育是改进社会原动力”的思想大旗，试图以行为主义心理学为工具革新教育。与之呼应，美国进步教育协会接受了卡内基基金会的援助，在中等教育方面发起了课程改革史及教育评价史上著名的实验——“八年研究”实验，也称为“三十校实验”。这些基于经济危机而形成的对教育的反思，认为教育的预设目标决定着教育活动。比如，人才的培养规格决定着教育的方式；反之，教育活动就是一个达到教育预定目标的过程。教育目标是既定的，教育活动无论长短，均是指向目标。理想的状态是教育活动的最终结果与预设的目标一致，但现实情况是教育活动的结果并不完全与目标合一。

（三）价值单一时期的教育评价，专注评价的唯一确定性

价值觉醒时期的教育评价，关注评价的客观性、科学性、合目的性，这一价值取向在“苏联卫星上天事件”后紧缩为单一价值，即国家的，目标导向，关注评价的唯一确定性。

1957年，苏联发射成功了人类历史上的第一颗人造卫星，震惊了许多国家。冷战对立方的美国政府将美国科技的落后归因于教育的落后。为了改变这一状态，美国政府加大了在科学、技术与教育方面的投资。对教育投入资金增大所伴随而来的问题是，如何确保这些数额庞大的资金落到实处，美国政府迫切需要对教育结果的检测与评价。最初的泰勒目标模式在回答这一问题时捉襟见肘，于是产生了对评价的新的需要。可以说，这一时期的教育评价更多地受到来自国家主义意识形态的深刻影响。

教育评价价值观的改变还与当时的课程改革有关。从20世纪60年代开始，美国进行了一场大规模的课程改革。课程是指向教育目标的，所以，对课程的改革就是对教育目标自身合理性的重新思考，这种思考又给教育

评价带来了革命性的发展。在这一过程中形成了两种观点，其中一种强调评价具有价值判断的本质，教育评价对教育行为产生的变化进行价值上的判断。这说明，评价的价值问题已成为评价领域的重要问题而被学者以及政策制定者特别关注，人们越来越需要对教育评价进行价值上的判断。（然而，将“价值判断”作为“教育评价”的义务是在20世纪70年代后期的教育评价中才被明确地接受下来。）

这个时期承接了上个阶段的“八年研究”和拉尔夫·泰勒的“目标导向”的评价模式。这一模式确定了预定的目标规范。

也是在这一时期，区域教育评价开始在美国出现。

1965年美国制定了《初等和中等教育法》，这是美国教育史上的一项重要法令。该法令提出，政府要对各学区的教育事业进行补助，但这种补助并不是无条件的，它是基于对各学区的评价结果给予相应的补助。顺应联邦政府这一诱人条件，一些大学及服务性机构纷纷成立了评价中心，并提出了一系列评价方案，比较有代表性的有以斯塔弗尔比姆、克龙巴赫为代表的学者提出的CIPP评价模式。这是由背景评价（Context Evaluation）、输入评价（Input Evaluation）、过程评价（Process Evaluation）、结果评价（Product Evaluation）简写为CIPP。

区域教育评价后来的大发展与它逐步具有的“绩效考核”“改进依据”“发展推广”以及“综合导向”等价值功能有直接的关系。正是因为它的这些功能，各国政府以及下属各行政单位的教育管理部门把教育评价的结果作为了解和监控教育教学质量与绩效的重要工具之一。比较有成效的有美国、加拿大、英国、澳大利亚等。美国是地方分权的联邦制国家，它主张从学生成就、教育政策与执行成效、背景等方面进行评价；加拿大政府则设置了省教育厅长委员会，对各省的各级各类教育实施绩效责任评价方案；英国政府成立教育标准局，对所有教育机构进行绩效评价，并且对教育评价加以制度化；澳大利亚由联邦与各州共同发展《澳大利亚国家教育指标方案》，以此作为评价各州教育发展的依据。此外，就地方案例来看，比如加拿大的安大略省，成立了“教育质量与绩效责任办公室”，专门负责本省的教育绩效的评价工作。

（四）价值多元时期，倡导多元价值下的协商与融合

20世纪70年代以后，价值多元的取向得以彰显。特别是20世纪80年代后期以来，对多元文化的重视、新公共管理运动的兴起、社会的市场化、以人为本的观念等形成了一种新的社会风气。这种风气的出现与二战后美国进入一个更加复杂而多元的社会密切相关，这个时期正是社会矛盾和问题的凸现期，经济的萧条促使人们更多地反思现有的教育评价模式，开始对上一时期单一价值取向的评价产生怀疑，提出了一系列基于多元价值协商的评价模式。

以美国为例。美国在“滞胀并行”的背景下，出现了经济低增长、高通货、高财政赤字和高失业率等，这些社会问题引发了一场强调公共利益、公众满意度、顾客导向的运动。人们普遍认识到，教育已不再是少数人的活动与特权，而是属于大众的来自各方利益相关者的普通人的普通权力；相应地，人们对教育评价的要求也不仅仅是客观、真实、准确，更重要的是要通过教育评价这一手段将其意见和要求直接反映到教育决策中去。说到底，这是人本主义教育思潮在教育评价领域中的真实反映。人本主义教育思潮以人本主义和存在主义为哲学基础，它捍卫人的尊严，肯定人的主体价值。基于这一理念，它要求社会尊重多元文化，倡导平等、公正、公开等教育理念。它强调所有的个体特别是社会不利群体在教育中的平等。在这种教育理念下，人们要求教育评价走出传统的那种单一、确定的价值窠臼，而去关注多元利益主体的不同价值诉求。

二、反思

虽然广义的教育评价已过千年，但自泰勒以来，现代教育评价的价值观才真正确立。泰勒的“八年试验”奠定了现代教育评价学的理论基础，历经半个多世纪的发展，至此，现代教育评价有了几个非常明显的不同：其一，教育评价不再局限于学校内部，它不再仅仅是个学术问题，而是提

高到一国一地区的政治高度；其二，学生和教师的个体行为依然是教育评价的对象，但同时扩大到一个地区甚至一国的整个教育系统；其三，能够对教育评价产生影响的多元化主体已经形成。

然而，一个不可忽视的事实是，教育评价从产生伊始，伴随着它的指标体系的建构与评价活动的实施就是争论与非议。就其本质上讲，教育评价是在事实判断基础上的一种价值判断活动，这种价值判断又有其内在的尺度和标准，即教育价值主体的需要。所以，剖析这些争议的缘起，绕不开两个因子：一是关于价值本质的问题，二是博弈中的价值主体。

“价值”是一个备受争论的命题，我们可以找出10种角度来定义价值，也可以从多个学科提出不同的定义。比如，哲学意义上的价值是指“在劳动的基础上形成的人的目的性、发展性和超越性。”价值涉及主体性、客体性、主观性、客观性；价值既具有多元性，也具有一元性。

无论价值的本质属性争议如何，教育评价是一种价值认识活动，是对教育活动的价值反思。教育活动是一种规范导向性的社会实践活动，它的成功与否，一方面要看它能否把握住教育的本质与规律以及社会的发展方向与需求；另一方面还要看它的价值导向是否合理。从教育评价的演进历史来看，现代教育评价是随着工业社会的发展、教育现代化的进程而逐渐发展起来。从教育评价被视作简单的测量，然后被看作是目标描述，再到把评价的重点由‘方案想干什么’，转移到‘方案实际干了什么’价值与每个阶段的时代需要相吻合。

从价值主体的形成来看，那种强势、单一价值主体主导下的评价已面临着越来越多的争议和质疑。可以说，教育评价的历史是对单一价值、单一主体反抗的历史，也是在价值困境中逐渐突围的历史。

三、我国教育评价的价值选择

我国引入现代教育评价的历史比较短，它的发展与经济改革息息相关。改革开放的30年，是逐渐打破强势、单一的计划经济，基本建立多元化社会主义市场经济体制的30年。市场经济是多种利益主体分别诉求价值需要的经济制度，与经济的多元化相配套的是社会民主化，倡导“以人为本”“和而不同”的价值理念。整个社会迅速从一元走向多元，教育评价也不可避免地面临教育价值多元化的现实挑战。

我国教育评价的理论研究与实践属于后发外启式，受整个社会弥漫着的那种急功近利式的政绩观的影响，在价值取向上存在偏向工具主义、只重社会利益和短期利益的问题，教育评价的活动也具有很强的功利性、工具性。我们经常得见的是评价只重结果的鉴定，不重教育的过程和未来的发展，只强调教育的即时性、显性效益，忽视或轻视教育的长期、隐性的功效。教育不是毕其功于一役的短期行为，教育对评价结果的反馈与调整需要一个过程；教育也不是完全由主观来规划的活动，它有其自身的发展规律，如果将评价标准主观化，忽视教育活动的客观性，其结果可能会为实现教育评价的工具性目的而最终导致其实质性目的的丧失。因此，在构建我国教育评价指标体系时，要注意三种价值转换：即由工具理性向价值理性转换，由社会利益向社会、个体利益兼顾转换，由当前利益向短期利益和长远利益兼顾转换，要强调协商，要关注多方利益相关者的合理需求。

参考文献：

[1] 孙继红.我国区域教育发展状况评价的实证研究［D］.南京：南京航空航天大学，2010.

[2] 郑永廷.现代思想道德教育理论与方法［M］.广州：广东高等教育出版社，2000.

[3] 陈玉琨.教育评价学［M］.北京：人民教育出版社，1999.

◆ 教师资格证考试历年真题 ◆

简述教育报告的一般结构

解析：调查报告的一般结构一般由以下部分组成：

（1）题目

题目要以确切、中肯、鲜明、简练、醒目的语言概括全篇内容，点明调查范围、调查对象。

（2）引言

简明地阐述调查的目的、意义、任务、时间、地点、对象、范围、取样等。要强调调查的目的性、必要性和价值，使读者了解全貌，引起对这一问题的关注。要详细说明调查的方法、方式等。

（3）正文

这是调查报告的主体部分，是详细的调查内容。通过对调查获得的大量资料的分析整理，归纳出若干项目，逐项加以阐述，做到数据确凿，事例典型，材料可靠，观点鲜明。调查数据一般要采用图表形式表示，使人一目了然；如能应用统计分析，则可提高数据分析的科学性，增强问题的说服力。

（4）讨论或建议

在对调查内容进行总体的定性、定量分析的基础上，可以深入地讨论一些问题，归纳、概括出事物的内在联系，对调查结果做理论上的进一步阐述，摆出自己的观点，提出意见和建议。

（5）结论

这是整个调查研究的结果。一般可通过逻辑推理，归纳出结论。即简单交代调查研究了什么，得出了什么结果，说明了什么问题等。

（6）附录

包括调查工具和部分原始资料，以及参考文献，即在调查研究过程中参考了、引用了哪些资料，要注明材料的出处、名称、作者、卷期、页码、出版单位日期、版次等。

参考文献

［1］孟宪乐、徐艳伟主编：《小学教育研究方法》，南京大学出版社，2020年12月版。

［2］温忠麟主编：《教育研究方法基础》，高等教育出版社，2017年8月版。

［3］宁虹主编：《教育研究导论》，北京师范大学出版社，2010年8月版。

［4］杨小微主编：《教育研究的理论与方法》，北京师范大学出版社，2008年5月版。

［5］李方著：《现代教育研究方法》，广东高等教育出版社，2007年10月版。

［6］华国栋主编：《教育研究方法》，南京大学出版社，2005年9月版。

［7］裴娣娜主编、李春山、孙鹏副主编：《小学教育科学研究》，科学出版社，2005年7月版。

［8］张厚粲、徐建平编著：《现代心理与教育统计学》，北京师范大学出版社，2003年11月版。

［9］张民生、金宝成主编：《现代教师：走进教育科研》，教育科学出版社，2003年6月版。

［10］郑金洲、陶保平、孔企平著：《学校教育研究方法》，教育科学出版社，2003年1月版。

[11] 孟庆茂主编：《教育科学研究方法》，中央广播电视大学出版社，2001年7月版。

[12] 裴娣娜著：《教育研究方法导论》，安徽教育出版社，2000年2月版。